LE SALE TOUR

PIERRE BALLESTER
DAVID WALSH

LE SALE TOUR

TRADUIT DE L'ANGLAIS PAR PIERRE MONÉGIER
POUR LES TEXTES DE DAVID WALSH

ÉDITIONS DU SEUIL
*27, rue Jacob, Paris VI*ᵉ

ISBN 978-2-02-099480-4

www.editionsduseuil.fr

CHAPITRE 1

Piqûre de rappel

« Il ne suffit pas de connaître la vérité,
il faut encore la proclamer. »

Louis Pasteur

Deux faits établis, douze témoins clés, dont sept ayant déposé leurs accusations sous serment lors d'un procès tenu aux États-Unis, des conclusions de scientifiques de la performance, des révélations de transactions financières pour faire taire les évidences, des pressions sur témoins, des menaces ou du chantage au besoin… Telle est la réalité des liens indéfectibles de Lance Armstrong avec le dopage. Mais y en aurait-il cent fois plus que ça ne changerait rien à l'affaire : Lance Armstrong reste intouchable. Pourquoi ? Parce que la seule institution ayant autorité sur les prises de décision en ce domaine s'appelle l'Union cycliste internationale (UCI). Et que l'UCI n'a de comptes à rendre qu'à elle-même. Jamais athlète ne fut autant décrié ; ni autant protégé. Tant que le coureur n'est pas sportivement sanctionné, rien ne peut lui arriver. Tenez, il peut même entamer un come-back.

Tout a commencé dès le tout premier soir de ses 147 jours d'invincibilité sur le Tour de France, étalés sur sept ans. Nous sommes le samedi 3 juillet 1999, au Puy-du-Fou, en Vendée. Le malaise est déjà palpable. Sur les décombres de l'édition précédente, ramenée à l'affaire Festina, le Tour a tenté de faire peau neuve en récusant deux « indésirables », accusés d'avoir souillé l'image de l'épreuve : Richard Virenque et Manolo Saiz, le directeur sportif de la formation espagnole Once, qui avait déguerpi avec fracas en mettant « un doigt au cul du Tour » un an plus tôt. Une initiative vite réprimée : l'UCI impose leur participation aux organisateurs qui font alors le dos rond.

La veille du départ, Jean-Marie Leblanc, alors patron du Tour, entend pourtant garder la main avec une candeur de jouvenceau : « La crise est déjà derrière nous. […] Ce Tour va être celui du grand nettoyage. […] On pourra déceler au bout de trois semaines si un redressement est amorcé. Je pense que oui[1]. » Impressions un tantinet hasardeuses.

Le Tour dit « du renouveau » est de courte durée. Une journée. Le temps pour Lance Armstrong de revenir sur l'épreuve, trois ans après sa dernière apparition, soldée par un abandon dès la cinquième étape sur une route pluvieuse de Franche-Comté menant à Aix-les-Bains. Il est 19 h 07 quand il se présente sur la rampe de lancement du prologue.

Sur un parcours analogue à celui qui vit Miguel Indurain, considéré comme le meilleur rouleur de son temps, s'imposer six ans plus tôt dans ce contre-la-montre, l'Américain dépassera allégrement la barrière des 50 kilomètres heure de moyenne (50,7) et de dix secondes le temps référence de l'Espagnol (8'2" contre 8'12"). Il est 19 h 15. Le Tour est entré dans une autre époque.

Sur l'instant, cette métamorphose laisse tous les observateurs

---

1. *L'Équipe*, 3 juillet 1999.

perplexes. Le Tour, qui sort d'un grave traumatisme, se donne à un jeune cancéreux. Et ce ne sont pas les propos du vainqueur du jour, jetés sur la ligne d'arrivée, qui vont les rassurer : « Aujourd'hui, je peux dire que je suis un meilleur coureur qu'avant la maladie, mais aussi et surtout une meilleure personne. [...] Je le dois au travail des médecins et je les remercie. » Il faudrait donc être victime d'un cancer métastasé et être passé entre les mains d'oncologues pour entamer une deuxième carrière, inégalable celle-là ? Tout à ses déclarations, trois de ses équipiers de l'équipe US Postal viennent tour à tour le féliciter d'une tape dans la main : Kevin Livingston, George Hincapie et Tyler Hamilton. Des documents saisis par la police italienne au domicile du « préparateur » italien Michele Ferrari, condamné par la suite pour conduite dopante, confirmèrent l'usage d'EPO pour le premier ; un témoignage, déposé sous serment devant un tribunal texan par un membre de l'encadrement de l'époque, affirma que le deuxième avait eu recours à la testostérone ; le troisième a été convaincu de dopage sanguin par transfusion en 2004.

Plus tard, à son retour à l'hôtel, le premier maillot jaune du Tour 1999 pouvait recevoir les félicitations du reste de ses équipiers, dont Jonathan Vaughters et Frankie Andreu. Le premier évoquera plus tard des transfusions sanguines au sein de l'équipe Discovery Channel ; le second témoignera sous serment, six ans plus tard, de l'utilisation de produits dopants par son leader. Cinq coureurs sur neuf. À ce jour, les trois équipiers restants de l'édition 1999 (l'Américain Christian Vandevelde, le Danois Peter Meinert-Nielsen, le Français Pascal Deramé) n'ont publiquement reconnu quoi que ce soit. Encore moins le meilleur d'entre eux.

L'affaire a donc commencé par cette simple question : comment un athlète peut-il, non seulement recouvrer ses moyens physiques antérieurs après le passage dévastateur de tumeurs cancéreuses dans tout l'organisme, mais les décupler au point de devenir le recordman de victoires sur l'épreuve la plus exigeante de la planète sportive ? Cancérologues, préparateurs physiques, analystes de la performance : toutes les personnalités interrogées n'ont trouvé aucune réponse. Ou plutôt si : physiologiquement, c'est du ressort de l'inimaginable. Au pire, de la manipulation.

Quand les médias dans leur ensemble évoquent encore « des soupçons de dopage planant sur la carrière d'Armstrong », l'euphémisme est bien frileux. C'est oublier ou dénigrer tout ce qui va suivre. Cette voix collégiale de la présomption tient à une réalité de l'époque : le consensus mou, la pleutrerie prosélyte, l'absence de contradiction pourtant bien utile en pareille situation. Mais comment ne pas reconnaître l'évidence quand on sait que cette posture mène à la perte irréversible de crédibilité ? Celle des autorités sportives, et plus encore celle du sport qu'elles sont censées défendre. À dire vrai, leurs prises de position ont facilité cet état d'esprit indifférent concernant la culpabilité de Lance Armstrong. En ignorant ses fautes, en les minorant, voire en les falsifiant, ces institutions compétentes ne le sont pas. L'UCI s'est bien gardée de jouer franc-jeu. Or, dans le système de la gouvernance du cyclisme, dénué d'organisme de contrôle ou de régulation, sa seule décision valide toute trajectoire, même déviante. Aucune contestation n'est possible et, de là, aucun recours n'est envisageable. Ne pas condamner l'Américain pour des actes contraires à l'équité sportive revient à les encenser.

Et pourtant, deux faits avérés incriminent le Texan lors de

la première de ses sept victoires consécutives, en 1999. Rien n'interdit dès lors de penser qu'il en fut ainsi jusqu'en 2005. Rien, si ce n'est de détourner les yeux.

Positif aux corticoïdes

La première affaire qui enquiquine Lance Armstrong survient seulement deux semaines après son premier come-back sur le Tour de France. Le 19 juillet 1999, le journal *Le Monde* annonce que l'Américain a été contrôlé positif aux corticoïdes au soir de la première étape, le dimanche 4 juillet. Le contrôle urinaire révèle des traces de triamcinolone acétonide, un corticoïde de synthèse à action retard qui ne peut émaner en aucun cas d'une sécrétion naturelle. Ce médicament apparaît sur la liste des produits interdits par l'UCI (article 111).

Armstrong aurait pu y avoir recours *via* un justificatif thérapeutique qui l'aurait alors dédouané de toute action frauduleuse. Mais deux problèmes surgissent : sur le procès-verbal du contrôle médical réalisé à Challans, il est écrit « néant » dans la colonne « médicaments pris ». L'Américain ne peut donc s'abriter derrière un oubli. En outre, à deux reprises, le 8 juillet lors d'un tête-à-tête avec l'un des auteurs du présent livre, puis le 19 juillet en conférence de presse, l'intéressé affirme n'avoir jamais pris de corticoïdes et n'avoir recouru à aucun certificat médical pour utiliser des produits interdits.

Sur ce point, il y a deux manières chronologiques de considérer la suite des événements : de l'extérieur, *via* les communiqués, les attitudes et les dires des parties concernées. Et de l'intérieur.

Le 22 juillet, l'UCI vole au secours d'Armstrong et de son équipe alors qu'elle les avait elle-même mis dans l'embarras en décidant contre toute attente, la veille du départ, d'inaugurer la détection des corticoïdes. Une recherche alors inédite... et abandonnée un mois plus tard, en raison de résultats qui firent dire au Pr Jacques de Ceaurriz, responsable du Laboratoire national de dépistage du dopage (LNDD) de Châtenay-Malabry, que « le Tour n'aurait pas eu lieu, faute de combattants... ». Dans un communiqué, l'UCI affirme que le Texan a utilisé de la Cemalyt, une pommade contenant de la triamcinolone, pour soigner une dermatite allergique à la selle. Elle soutient tout autant avoir vu l'ordonnance délivrée à cet égard. Et accepte sans sourciller un certificat médical postdaté, signé après coup par le médecin espagnol de l'équipe, Luis del Moral, principe totalement contraire à son propre règlement antidopage (article 43). Et voilà comment Lance Armstrong fut absous de toute manipulation.

De l'intérieur, c'est-à-dire dans le cœur de l'équipe, la version des choses est tout autre. Elle nous a été racontée par Emma O'Reilly [1], alors soigneuse attitrée du coureur américain. Le 20 juillet, au lendemain de la parution de cette information dans *Le Monde*, elle est en train de masser Armstrong dans une chambre aménagée de l'hôtel, quand deux membres de l'équipe US Postal pénètrent dans la pièce. Elle se souvient : « Ils disaient : "Qu'est-ce qu'on va faire, qu'est-ce qu'on va faire ? Restons calmes, restons groupés, pas de panique. Il faut qu'on ait tous la même histoire en sortant d'ici." On avait l'impression que la merde allait sortir et il fallait trouver une explication. Et c'est ce qu'ils ont conclu : douleur à la selle, pommade aux corticoïdes, avec une ordonnance

---

1. *L.A. Confidentiel*, La Martinière, 2004, p. 205.

antidatée. Je savais déjà pour le corticoïde, car Lance me l'avait dit. Il m'avait dit qu'il avait pris un corticoïde avant ou pendant la Route du Sud, le mois précédent, et il pensait qu'il serait OK pour le Tour. Il pensait que le produit avait été complètement éliminé de son organisme mais, sans qu'on comprenne pourquoi, il était réapparu. Je ne me souviens pas d'avoir jamais entendu parler d'une douleur à la selle au départ du Tour de France mais, de toute façon, il m'a dit de façon catégorique que ce n'était pas la pommade. Plus tard, ce soir-là, il y a eu un branle-bas de combat pour trouver Luis [Del Moral], qui devait établir l'ordonnance. »

Ce soir-là, Emma O'Reilly consigna sur son carnet de bord intime, à la page du 20 juillet, une confidence d'Armstrong : « Maintenant, Emma, tu en sais assez pour me faire tomber. »

Positif à l'EPO

Un mois après son septième et dernier Tour de France victorieux, une enquête parue dans *L'Équipe*, le 23 août 2005, met gravement en cause Lance Armstrong pour un deuxième fait de dopage. Ce dernier n'a pourtant jamais poursuivi le journal en justice.

Que révèle cette enquête, menée par le journaliste Damien Ressiot ? Derrière le titre barrant la Une du journal – « Le mensonge Armstrong » –, deux pages prouvent de manière incontestable que Lance Armstrong a fait usage d'EPO à six reprises lors du Tour de France 1999.

Après une année d'investigation, Damien Ressiot est parvenu à recouper deux sources d'information liées l'une à l'autre pour aboutir à un constat irréfutable : la première consigne les résultats d'analyses réalisées *a posteriori* sur des échantillons urinaires du Tour 1999, pratiquées au laboratoire de Châtenay-Malabry. Ces échantillons sont numérotés, mais aucun nom n'est identifiable, comme le veut la procédure. La seconde provient des procès-verbaux, nominatifs ceux-là, des contrôles antidopage effectués sur les coureurs cette année-là. Ils sont signés par le médecin préleveur et par le coureur, et déposés au siège de l'UCI, à Laigle (Suisse). Le rapprochement de ces documents et leur lecture croisée permettent alors de faire correspondre les échantillons positifs à l'EPO aux numéros d'enregistrement des procès-verbaux. Sur les soixante-dix échantillons analysés, douze sont positifs, dont les numéros 185557, 160297, 157372, 185479, 185475 et 186397. Ces six numéros concernent Lance Armstrong.

Pourquoi Lance Armstrong n'a-t-il pas été inquiété ? Parce que ses six échantillons positifs à l'EPO faisaient l'objet d'une nouvelle expérimentation de détection, plus efficace, qui ne sera validée et opérationnelle qu'en décembre 2004.

En effet, le dopage évoluant vers une sophistication croissante, la recherche tente de suivre. L'équipe de Châtenay-Malabry, autour du Pr Jacques de Ceaurriz et du Dr Françoise Lasne, affine son processus de détection de l'EPO par voie urinaire. Quatre ans seront alors nécessaires pour valider ce nouveau test réclamé par l'Agence mondiale antidopage mis au point en 2000 et apparu sur le Tour de France en 2001. En décembre 2004, la fiabilité de la formule est entérinée. Sa mise en application reste expérimentale et n'a pas pour but de confondre, voire de sanctionner, les tricheurs. Le choix le plus évident se porte sur les échantillons de 1998 et 1999, par nature propices à la positivité, cette hormone étant alors indétectable.

Damien Ressiot a vent de cette nouvelle formule en

janvier 2005. Il apprend que douze échantillons du Tour 1999 ont été déclarés positifs. « Par hypothèse intellectuelle », sorte de déduction intuitive relevant de la probabilité, le journaliste pressent que Lance Armstrong peut être concerné. Au prix d'une lente approche, il convainc l'UCI, mais aussi l'Américain, d'examiner les procès-verbaux de ses contrôles antidopage de l'époque, consignés au siège de l'UCI, laissant croire à l'intéressé que cette seule lecture peut faire taire une fois pour toutes les insinuations. Armstrong, poussé par son entourage (à l'exception de son directeur sportif Johan Bruyneel), accepte le marché, ignorant alors que le journaliste a en sa possession la numérotation des échantillons positifs anonymement analysés. Le piège se referme.

Cyniquement, la méthode de détection qui l'a confondu – « fiable à 100 % », expliquera Jacques de Ceaurriz, et qui n'a jamais été mise en doute depuis lors – ne permet pas à l'Américain de contester les faits. Les analyses rétroactives ont en effet été pratiquées sur les échantillons B des mêmes prélèvements, les échantillons A ayant été utilisés à l'époque, en 1999.

La datation des échantillons positifs permet de localiser la prise d'EPO. Les deux premiers remontent aux 3 et 4 juillet 1999, soit lors du prologue, remporté par l'Américain, et de la première étape ; les deux suivants (13 et 14 juillet) correspondent aux étapes alpestres. Lors de la première, Armstrong avait réalisé un numéro époustouflant pour s'imposer dans la montée de Sestrières, reléguant son dauphin d'alors, l'Espagnol Abraham Olano, à 6 minutes et 3 secondes au classement général. Le lendemain, il accentue un peu plus son avance sur ses plus proches poursuivants pour terminer cinquième de l'étape. Enfin, les deux derniers échantillons positifs à l'EPO, datés des 16 et 18 juillet, coïncident avec des étapes de transition (Saint-Flour-Albi puis Castres-Saint-Gaudens) menant vers les Pyrénées, où son emprise ne fut pas contestée. Armstrong abordait alors le dernier massif montagneux avec près de 8 minutes d'avance (7'44"). Autant dire que le Tour était dans la poche.

L'aspect expérimental des tests réalisés *a posteriori* ne change rien à l'affaire. Armstrong eut beau tempêter, nier, envisager (déjà) de sortir de sa retraite pour « emmerder les Français », menacer le laboratoire et le journal *L'Équipe* d'un procès tonitruant qui ne vint jamais, une nouvelle preuve de son lien au dopage venait l'accabler. Et ce n'est pas tout.

Trois témoins pour un aveu

Retour vers le passé. Lundi 28 octobre 1996, à Indianapolis, États-Unis. Depuis près de deux semaines maintenant, Lance Armstrong est admis à l'Hôpital universitaire de l'Indiana que lui a chaudement recommandé l'urologue d'Austin, le Dr Reeves. Le coureur l'avait consulté le 2 octobre, suite à une alerte très inquiétante – crachat de sang, la veille, dans sa salle de bains – qui ponctuait d'autres symptômes vécus tout au long de l'année 1996, le plus récent remontant au soir de son vingt-cinquième anniversaire, le 18 septembre, quand il avait été pris de violents maux de tête.

Au terme de la consultation, le premier pronostic du Dr Reeves est sans équivoque : « Cancer testiculaire avec des métastases importantes. » L'ablation du testicule cancéreux a lieu le lendemain, 3 octobre, à l'hôpital Saint-David d'Austin. La première des quatre séances de chimiothérapie programmées sur deux mois, sur des cycles de cinq jours consécutifs, débute le 8 octobre, jour de l'annonce publique de son cancer.

Trois jours plus tard, le 11 octobre, de nouveaux examens détectent la présence de deux lésions cancéreuses dans son cerveau. L'opération, d'une durée de cinq heures, est réalisée le 24 octobre à l'hôpital d'Indianapolis.

C'est donc à un ami affaibli, forcément vulnérable, que Frankie et Betsy Andreu rendent visite en cette fin d'octobre 1996. Frankie est un proche de longue date. Les deux hommes se connaissent depuis 1992, lorsque le jeune Lance, de cinq ans son cadet, entame sa carrière professionnelle au sein de l'équipe américaine Motorola. Très vite, les deux équipiers deviennent compères et l'aîné du Michigan prend sous son aile l'impétueux Texan. Pendant quatre saisons, ils écumeront les mêmes courses, les mêmes hôtels, partageront bien des repas, des soirées, que ce soit aux États-Unis pendant la période hivernale, ou en Italie, près de Côme, où ils ont été un temps colocataires d'un petit appartement situé à deux kilomètres du centre-ville, où résidaient également d'autres équipiers américains comme George Hincapie, Kevin Livingston et Bobby Julich. Quand, le 12 septembre 1996, Lance Armstrong change d'équipe pour signer un contrat de deux ans chez Cofidis qu'il ne pourra honorer en raison de son cancer, découvert trois semaines plus tard, il n'emmènera qu'un seul équipier avec lui : Frankie Andreu. Il était alors tout naturel que Frankie et Betsy fassent six heures de route, de leur domicile de Dearborn (Michigan), pour être au chevet de leur ami.

Frankie était arrivé la veille avec Betsy Kramar, sa fiancée d'alors. Betsy connaissait Lance Armstrong depuis plus de deux ans. Elle l'avait rencontré pour la toute première fois en 1994, à Philadelphie, à l'occasion de la *Core States*, le championnat des États-Unis à l'époque. Très vite, elle rallia naturellement le petit groupe d'expatriés américains, que ce soit à Côme puis à Nice, où Armstrong s'installa avec sa future épouse Kristin. Les deux futurs couples Armstrong et Andreu passaient le plus clair de leur temps libre ensemble, à faire du shopping ou à se recevoir mutuellement. Armstrong raffolait par exemple du risotto mitonné par Betsy.

Le soir du dimanche 27 octobre 1996, le couple Andreu prend une chambre à l'hôtel University Palace, qui jouxte l'hôpital, et prévoit d'en repartir le mardi 29 octobre. Dès leur arrivée, les Andreu rendent visite à Lance et dînent avec lui à la cafétéria de l'hôpital. Ils le trouvent amaigri, le visage émacié, son crâne chauve laissant apparaître une imposante cicatrice. Le lendemain, ils retournent le voir, passent des heures à lire et commenter les centaines de mails et de cartes de soutien que Lance Armstrong a reçus. Puis arrivent graduellement d'autres proches du coureur : Chris Carmichael, son entraîneur depuis qu'il est junior, et sa compagne, Paige ; Lisa Shiels, la petite amie de Lance Armstrong, et Stephanie McIlvain, la représentante de l'équipementier Oakley, devenue une proche elle aussi.

La chambre qu'occupe Lance Armstrong ne pouvant contenir tout ce petit monde, il est décidé de se rendre dans une salle de conférence de l'hôpital, en fin d'après-midi, d'autant qu'est prévu le passage imminent d'une autre personne, un médecin. La petite troupe s'engage alors dans les couloirs, prend l'ascenseur, et gagne la salle de conférence. Lance Armstrong marche doucement, une perfusion intraveineuse constamment plantée dans un bras. Sur place, l'espace est plus accueillant : sur la gauche une salle de bains, et, contre le mur, un canapé face auquel un poste de télévision retransmet un match de football américain, les Dallas Cowboys contre les Miami Dolphins ; à droite, une table de conférence et quelques chaises. Chacun s'installe librement : Chris Carmichael se pose sur le canapé, Paige sur une chaise près de la télévision, Frankie Andreu reste debout près de la salle de bains, Lisa Shiels s'adosse au canapé par terre, tandis que Lance Armstrong et Betsy s'assoient à même la table de conférence. Les conversations roulent de-ci de-là, et, tout en jetant un œil distrait au match de football, Stephanie montre à Betsy comment fonctionne le presse-fruits qu'elle vient d'offrir à Lance. Lorsque deux médecins pénètrent dans la pièce, Betsy se remet alors prestement sur pied et va rejoindre son futur mari près de la salle de bains. « On devrait te laisser pour préserver ton intimité », lance-t-elle à la cantonade. « C'est bon, vous pouvez rester », répond Lance Armstrong. Betsy se tourne alors vers Frankie : « Allons-y. » À quoi Frankie lui rétorque : « Lance a dit que c'était bon, qu'on pouvait rester. »

Six personnes sont donc présentes quand les deux médecins font irruption, Lance Armstrong, Lisa Shiels, Chris Carmichael et sa compagne Paige, Frankie Andreu et Betsy.

La suite est racontée sous serment lors de la procédure d'arbitrage du litige qui opposa pendant six mois, entre 2005 et 2006, Lance Armstrong à SCA Promotions. L'activité de cette compagnie d'assurances, basée à Dallas et fondée en 1986 par son actuel président Bob Hamman, s'apparente à celle d'un bookmaker. Elle intervient toutefois dans un secteur bien particulier de la filière des paris sportifs : SCA Promotions assure les organisations qui se sont engagées à reverser des primes importantes à des sportifs en cas de victoire. En gros, une police d'assurance est souscrite par un organisateur et SCA Promotions se propose d'en assumer le risque. En vingt ans, cette compagnie est devenue le numéro un mondial dans son secteur, après s'être portée garante pour un total de 12 milliards de dollars et n'avoir finalement déboursé que 134 millions de dollars. En décembre 2000, lorsque la proposition de couvrir une partie des risques encourus par Tailwind Sports, le propriétaire de l'équipe cycliste de l'US Postal, dans le cas où son leader Lance Armstrong viendrait à remporter six Tours d'affilée alors qu'il venait six mois plus tôt d'épingler sa deuxième victoire, Bob Hamman est dubitatif. Il lui était demandé de jouer sur un nouveau cheval, à savoir le cyclisme, dont il ne savait rien de l'histoire et de la culture dopante. Mais, au fur et à mesure des informations recueillies, le marché semble en valoir la chandelle : comment un cancéreux pourrait-il réussir à remporter six Tours, là où un siècle de palmarès et de légendes en bonne santé avaient échoué ? Joueur de bridge – il fut onze fois champion du monde –, joueur tout court, Bob Hamman se décida finalement à prendre le risque en janvier 2001. Le contrat portait sur quatre ans. Le marché ? 1,5 million de dollars garanti à Lance Armstrong s'il remportait les éditions 2001 et 2002 ; 3 millions pour l'édition 2003, et un dernier versement de 5 millions s'il s'imposait en 2004.

C'est à la lumière du livre *L.A. Confidentiel*, paru en juin 2004, que SCA Promotions décida de geler le dernier paiement, alors placé sur un compte sous séquestre, estimant avoir été dupé par le coureur américain. Tailwind Sports porta l'affaire en justice, en appelant à une procédure d'arbitrage qui fut autorisée en février 2005 par le tribunal de Dallas. Si bien que, de septembre 2005 à février 2006, plus d'une quinzaine de témoins furent auditionnés. Et parmi eux, Betsy Andreu.

Dans *L.A. Confidentiel*, qui passait à la loupe la face

cachée de la carrière sportive de l'Américain, étaient retrans-
crits de nombreux faits et témoignages accablants. Parmi
ceux-ci, celui de Betsy Andreu, qui intervenait dans un
court chapitre, le premier, intitulé « Indiana Hospital ».
Dans ces trois pages, elle ne confirmait ni n'infirmait le fait
que Lance Armstrong avait reconnu devant des médecins
l'usage de produits dopants, lors d'une conversation téléphonique tenue avec l'un des deux auteurs. Cette déclaration ambiguë intrigua les dirigeants et avocats de SCA
Promotions, qui lui demandèrent alors de déposer dans le
cadre de leur contentieux avec Tailwind Sports et Lance
Armstrong.

Devenue entre-temps l'épouse de Frankie, Betsy Andreu fut
assignée à comparaître dans l'État du Michigan, où elle vivait.
Elle fut entendue pendant trois heures le matin du 25 octobre
2005, dans l'un des salons de l'hôtel Marriott, à Romulus,
près de l'aéroport de Detroit. Betsy Andreu était interrogée
par Jeff Tillotson, l'un des avocats de SCA Promotions. Voici
les extraits de l'audition telle qu'elle fut retranscrite :

Jeff Tillotson. Je souhaite vous interroger sur ce que
vous savez de l'utilisation par Lance Armstrong de produits dopants. Disposez-vous d'informations personnelles
à ce sujet ?
Betsy Andreu. Oui.
J.T. Concernant l'utilisation, par M. Armstrong, de produits dopants ?
B.A. Oui.
[...]
J.T. Pouvez-vous, s'il vous plaît, nous restituer le déroulé
de ces événements, nous raconter ce qui s'est passé
exactement ?

B.A. Nous étions dans sa chambre d'hôpital, et il avait un rendez-vous programmé avec son médecin.

J.T. Excusez-moi, je n'ai pas entendu la dernière chose que vous avez dite, interrompit Timothy Herman, l'un des avocats de Tailwind Sports et Lance Armstrong.

B.A. Il avait un rendez-vous programmé avec son médecin ou avec un médecin… je ne sais plus très bien. Il allait y avoir une sorte de consultation. Et il y avait pas mal de monde dans la pièce. Alors, on s'est tous déplacés vers une salle de conférence. Et dans cette salle de conférence, il y avait Frankie et moi, Lance, Stephanie McIlvain – que je n'avais jamais rencontrée avant ce jour-là –, Chris Carmichael et sa future femme Paige, qui n'était alors que sa petite amie.

J.T. Personne d'autre ?

B.A. Si, Lisa Shiels.

J.T. Qui est-ce ?

B.A. C'était sa petite amie [de Lance Armstrong] à l'époque.

Jeff Tillotson demanda ensuite à Betsy Andreu si la mère d'Armstrong, Linda, son avocat et manager, Bill Stapleton, et son ami, Jim Ochowicz, se trouvaient dans la pièce. Elle répondit qu'aucun des trois n'était présent. Interrogée sur l'identité des médecins, elle répondit qu'elle ignorait qui ils étaient. Jeff Tillotson en arriva alors à la question clé.

J.T. Maintenant, revenons en arrière. Vous êtes là, dans la salle de conférence. Les médecins entrent dans la salle. Vous nous avez dit avoir voulu partir, mais être finalement restée. Que s'est-il passé ensuite ?

B.A. Ils ont commencé à lui poser des questions, des questions banales. Je ne sais plus exactement lesquelles. Et tout d'un coup, boum : « Est-ce que vous avez déjà pris des produits dopants?» Et il répondit: «Oui.» Ils lui ont demandé lesquels, et Lance a dit: «De l'EPO, de l'hormone de croissance, de la cortisone, des stéroïdes et de la testostérone.»

J.T. Vous êtes absolument certaine que c'est ce qu'il a dit?

B.A. Oui, j'en suis sûre.

J.T. Vous l'avez entendu de vive voix?

B.A. Oui.

J.T. Et qu'est-ce qui se passe ensuite? Quelle est votre réaction après avoir entendu ça?

B.A. J'étais bouleversée. Frankie et moi, on a quitté la pièce immédiatement, et je lui ai dit: «Tu ne m'avais jamais raconté ça.» Il m'a répondu: «Je te le jure, je n'étais pas au courant.» Et là, je lui dis: «Si toi aussi tu prends ces trucs-là, je ne me marie pas avec toi», et je l'ai menacé de rompre nos fiançailles.

J.T. Bien. Où avez-vous eu cette conversation avec votre mari?

B.A. Juste à l'extérieur de la salle de conférence, immédiatement après. La porte était fermée. [...] Après, nous sommes retournés à notre chambre d'hôtel, et je me souviens que j'étais sous le choc et très en colère.

[...]

J.T. Maintenant, rappelez-vous, vous étiez assise dans la salle lors de la conversation au cours de laquelle M. Armstrong a déclaré ce que vous nous avez rapporté aujourd'hui. Qui d'autre, autour de vous, a entendu la même chose, d'après vous?

B.A. Tous ceux qui étaient là l'ont entendu. Absolument tous.

[...]

J.T. D'accord. Vous comprenez que M. Armstrong,

lorsqu'il a témoigné, a nié avoir déclaré une chose pareille aux médecins. Vous en avez bien conscience, n'est-ce pas ?

B.A. Oui.

J.T. Êtes-vous absolument certaine d'avoir bien entendu ?

B.A. Absolument.

[...]

J.T. Pourquoi n'avez-vous pas rendu public auparavant ce que vous aviez entendu dans la pièce ?

B.A. Parce que ça mettait en danger l'ensemble du cyclisme, d'une certaine manière. Frankie fait partie du monde du cyclisme, et c'était juste... c'était juste un secret que nous devions protéger.

Dès lors que le présent ouvrage fut mis sur les rails, les auteurs ont demandé un complément de précisions à Betsy Andreu, à la fois sur les circonstances de la scène dont elle témoigna sous serment, mais aussi sur ses prolongements. Betsy Andreu répondit par téléphone et par mails à notre requête le 28 novembre 2008.

D'abord sur l'état d'esprit de Lance Armstrong au moment des faits reprochés : « À ce moment-là, Lance était dans une disposition bien compréhensible : il ne pensait qu'à vivre et non à la possibilité de remonter un jour sur un vélo. Lorsqu'un des deux médecins a commencé à le questionner, ses réponses étaient traînantes. Il n'était pas embarrassé le moins du monde. » Même lorsqu'il s'est agi de répondre à la question de savoir s'il utilisait des produits dopants devant sept autres personnes, et pas seulement deux médecins ? « Là non plus. Il n'a eu aucune gêne pour répondre. À cet instant, je me suis tournée vers Frankie et nous avons quitté la pièce. Frankie me devait une explication. »

Ce même 25 octobre 2005, Frankie Andreu est également appelé à témoigner après son épouse Betsy. L'ancien équipier de Lance Armstrong n'est pas franchement à l'aise dans ce rôle mais ne se défausse pas pour autant. Le lieu et les interlocuteurs sont identiques. Jeff Tillotson lui rappelle au préalable les raisons de son audition avant de se focaliser sur la séquence capitale.

JEFF TILLOTSON. Parlons, si vous le voulez bien, de la salle de l'hôpital de l'Indiana. À quoi faites-vous référence quand vous l'évoquez ?
FRANKIE ANDREU. Je parle de l'épisode où nous – on était un petit groupe – étions réunis dans une pièce, et où Lance a mentionné avoir pris certains produits lorsqu'un docteur le lui a demandé.
J.T. Étiez-vous présent quand cette conversation ou cette déclaration a été faite ?
F.A. Oui.
J.T. Avez-vous entendu M. Armstrong faire cette déclaration ?
F.A. Oui.
J.T. À qui répondait-il ?
F.A. C'était en réponse aux questions des médecins.
J.T. Savez-vous quel médecin parlait ?
F.A. Non.
J.T. De quel type de médecin s'agissait-il ? D'un anesthésiste, ou d'un...
F.A. Je ne sais pas.
J.T. ... oncologue ?
F.A. Je serais bien incapable de faire la différence... c'était un médecin.

J.T. Le médecin a-t-il expliqué pourquoi il posait cette question ?

F.A. Non.

J.T. Qui d'autre était dans la salle ?

Frankie Andreu énuméra alors six noms, ceux-là mêmes qui avaient été cités par sa femme.

J.T. Et qu'a répondu M. Armstrong au médecin qui lui demandait s'il avait déjà utilisé des produits dopants ?

F.A. Je ne sais pas comment le médecin avait formulé sa question, mais Lance a répondu qu'il avait pris de l'EPO, de la testostérone, de l'hormone de croissance et de la cortisone.

J.T. Rien d'autre ?

F.A. Pas que je me souvienne.

J.T. A-t-il précisé quand il avait pris ces produits ?

F.A. Non, c'était plus une déclaration d'ordre général…

[…]

J.T. L'aviez-vous vu utiliser des produits dopants avant de l'entendre faire cette déclaration à l'hôpital ?

F.A. Non.

Trois semaines plus tard, le 14 novembre 2005, c'est au tour de Stephanie McIlvain d'être obligée de répondre à l'assignation que lui avaient adressée les avocats de SCA Promotions. La représentante d'Oakley connaissait Lance Armstrong avant même ses débuts professionnels en 1992. C'est elle qui lui avait d'ailleurs préconisé le choix de Bill Stapleton comme agent. Difficile de renier quinze ans d'amitié. Face aux avocats de SCA Promotions, Stephanie confirma qu'elle était présente ce jour du 28 octobre, mais nia avoir entendu une quelconque allusion à l'utilisation de produits dopants sortie de la bouche de Lance Armstrong.

Sa version des faits, qui circula bien vite parmi le petit cercle des personnes impliquées dans le contentieux, contredisait les dépositions de Betsy et Frankie Andreu, de même que les propos tenus par Greg LeMond à l'un des auteurs au sujet de cet aveu formulé par Lance Armstrong.

Quand, en juillet 2001, l'ancien triple vainqueur du Tour de France eut fait part de ses doutes concernant la crédibilité d'Armstrong, il réalisa bien vite les conséquences de sa réflexion. Une succession d'appels téléphoniques lui enjoignant de faire machine arrière le mit sous forte pression et il décida alors d'enregistrer la plupart des coups de fil jugés importants qu'il passait ou recevait.

Il en fit de même lorsqu'il appela Stephanie McIlvain, qui habitait en Californie, le 21 septembre 2004. Un tel enregistrement, sans la permission de l'autre l'interlocuteur, est légal dans l'État du Minnesota, où il réside, mais la législation californienne ne l'autorise pas. Greg LeMond l'ignorait. Il avait enfreint la loi mais l'enregistrement, lui, existe bel et bien, et il fut sommé de le présenter sur une injonction du tribunal.

La conversation est éloquente. Stephanie McIlvain fait part, entre autres, de sa pleine conscience de la culture du dopage dans le cyclisme, et du fait qu'elle en était consternée. Greg LeMond, qui cherchait des éléments probants de peur d'être attaqué en justice pour avoir rendu public son scepticisme quant à la probité sportive d'Armstrong, ramène ensuite la conversation sur « l'incident de l'hôpital ». La réponse de Stephanie McIlvain est sans équivoque. Extraits de la conversation téléphonique apportée aux pièces du dossier.

GREG LEMOND. Bon, moi je… je sais ce que j'ai entendu […] sur ce qui s'est passé à l'hôpital […] Je ne te demande pas de faire quoi que ce soit que tu ne serais pas prête à faire, mais si j'arrive à… tu vois, s'il y a un procès, est-ce que tu serais prête à témoigner?

STEPHANIE McILVAIN. Si j'étais citée à comparaître, je le ferais.

G.LM. OK.

S.MI. Parce que je ne vais pas mentir. Tu sais, j'étais dans cette pièce. Je l'ai entendu. […] Tu vois, parce que moi aussi j'en sais des trucs, comme Lance et moi on était très proches, tu sais. Il y a plein de gens qui sont au courant, tu vois. Et ce qui me rend furieuse dans toute cette histoire, c'est le nombre de gens à qui il a donné de faux espoirs. Et je pense que c'est le truc le plus dégueulasse qu'on peut faire… Quand tu as un enfant handicapé, tu admires quelqu'un qui a traversé le même genre d'épreuves, pour y trouver de l'espoir et du courage… Et que lui, il fasse ça à des pauvres gens qui l'admirent, et qui croient en toute honnêteté que, s'il fait ça, c'est parce qu'il est Superman, eh bien, ça…

G.LM. Je suis d'accord. J'avais…

S.MI. Ça me tue.

Greg LeMond n'est pas seul à avoir reçu les confidences de Stephanie McIlvain. Betsy Andreu fait valoir plusieurs conversations téléphoniques, certaines de plusieurs heures, que les deux femmes ont tenues après la procédure d'arbitrage. Au cours de sa déposition sous serment, Betsy Andreu en fit état : « Le 26 octobre 2005, soit le lendemain de notre déposition à Frankie et à moi, Stephanie m'a appelée. Elle sanglotait. "Leur as-tu dit que Lance avait la trouille de la réaction de Kristin [alors son épouse] lorsqu'il lui a fait savoir qu'il voulait divorcer, car il ne savait pas quoi faire après qu'elle avait découvert de l'EPO dans le réfrigérateur de leur maison d'Austin?" Je lui ai répondu que oui. "Pourquoi as-tu fait ça", me criait-elle au téléphone. "Je suis désolée, Stephanie." C'est tout ce que je pouvais lui répondre. Elle m'a alors dit que Pat, son mari, qui occupait alors le poste de vice-président du service marketing d'Oakley, avait été convoqué par son patron, et qu'il lui avait dit que si la déposition de son épouse Stephanie pouvait causer des désagréments à la société, ils perdraient tous les deux leur boulot. "On ne peut pas se le permettre, me disait-elle. On dépense énormément d'argent pour la thérapie de Dylan [le fils des McIlvain, atteint d'autisme], on ne peut pas…" Stephanie n'arrêtait pas de pleurer au bout du fil. J'ai essayé de la raisonner : "Donc, tu vas mentir pour garder vos jobs? C'est contraire à la loi, Stephanie. C'est faire obstruction à la justice et donner un faux témoignage. Je vais te trouver un avocat." Stephanie pleurait continuellement. "Stephanie, tu m'entends? Ce qu'ils te font faire est contraire à la loi." "Je sais", me répondit-elle. "Mais tu ne le feras pas, hein?" »

Trois semaines plus tard, le 14 novembre 2005, Stephanie reconnut avoir été présente lors de la scène de l'hôpital de l'Indiana mais nia avoir entendu Lance Armstrong parler de produits dopants.

« Après ce coup de fil, poursuit Betsy Andreu, on est passé de plusieurs conversations par jour à aucune. Un jour, le 14 février 2006, c'est moi qui l'ai appelée. Je voulais revenir sur sa déposition. "Pourquoi as-tu menti ce jour-là, Stephanie?" "Je n'ai pas menti", m'a-t-elle rétorqué. J'insistais. Elle s'est alors mise à crier : "Les choses auraient été différentes si Dylan n'était pas handicapé. Le poste de Pat était en jeu, je n'avais pas beaucoup de choix… Ne m'appelle plus jamais. Plus jamais!" Je n'ai plus entendu parler de Stephanie. Jusqu'à cette nuit du 17 juillet 2008. À 1 h 17 du matin, le téléphone indique un double appel alors que j'étais en ligne avec Frankie, qui travaillait sur le Tour de France. J'ai pris l'appel. C'était Stephanie. Cela faisait plus de deux ans que je n'avais eu de ses nouvelles. J'ai dit à Frankie que je le rappelais aussitôt après. Ce que j'ai fait. Quatre heures plus tard… »

Au bout du fil, c'est une Stephanie rongée par le remords. « Elle me disait qu'elle était horriblement désolée d'avoir menti sous serment, qu'elle n'avait pas eu d'autre choix pour sauver son emploi et celui de son mari. Je lui ai répondu qu'il n'était pas trop tard, qu'elle pouvait rétablir la vérité, mais elle pleurait tout en disant qu'elle ne le pouvait pas. Elle enchaînait les phrases, m'expliquant qu'elle admirait mon honnêteté, qu'elle se sentait honteuse de m'avoir blessée, mais qu'elle n'avait pas pu faire autrement. »

« Depuis, conclut Betsy, on reçoit des appels, souvent au milieu de la nuit, mais la personne raccroche dès qu'on prend la ligne. Je crois qu'elle travaille toujours pour Oakley. » Effectivement, Stephanie McIlvain est le lien permanent de la société Oakley auprès de Lance Armstrong.

Un autre témoin, le photoreporter James Startt, a également reçu la confession de Stephanie McIlvain. Ancien coureur de haut niveau installé depuis des années à Paris, James Startt a rapporté une conversation avec elle lors de sa déposition dans le cadre du contentieux entre SCA Promotions d'un côté, Tailwind Sports et Lance Armstrong de l'autre. Sous serment, James Startt a expliqué qu'il s'était entretenu brièvement avec Stephanie McIlvain lors du Tour de France

2004. « Je lui ai demandé si cet incident s'était réellement produit. Et elle m'a répondu : "Oui, c'est arrivé." »

Les journalistes de la station radiophonique américaine NPR ont tenté depuis de joindre Stephanie McIlvain pour clarifier la discordance entre sa déposition sous serment et celles de Greg LeMond, Betsy Andreu et James Startt. Elle n'a pas voulu faire de commentaires. Quant à son avocat, il a juste précisé que « nous refusons d'en parler, quelles que soient les circonstances ».

Une question dès lors se pose : quelle est la vérité de Stephanie McIlvain ? Celle qu'elle a déposée officiellement sous serment, ou celle qu'elle a livrée à trois confidents ?

Trois des huit personnes présentes lors de la scène de l'hôpital de l'Indiana – hors les deux médecins qui n'ont jamais été identifiés – ont livré leur version des faits. Deux s'en sont ouvertes sous serment, une autre (Stephanie McIlvain) a confié à trois personnes qu'elle avait entendu Armstrong reconnaître son usage de produits dopants le 28 octobre 1996, sans pour autant parvenir à le faire lors du litige entre SCA Promotions et Tailwind Sports.

Qu'en est-il des cinq autres ?

D'abord Lance Armstrong lui-même. Le 30 novembre 2005, à 10 heures, soit cinq semaines après les dépositions des futurs époux Andreu, le coureur américain se présente dans les bureaux du cabinet Herman, Howry & Breen, 1900 Pearl Street, à Austin (Texas), pour répondre à son tour aux questions de Jeff Tillotson, l'un des avocats de SCA Promotions. Lance Armstrong, qui avait assisté aux témoignages des Andreu, nie tout en bloc, « à cent pour cent », que ce soit ses aveux de dopage ou la présence de deux médecins. Il se souvient de la scène, mais explique qu'il « y avait peut-être dix ou douze personnes dans la pièce. Ce qui est intéressant dans leurs déclarations, reprit-il, c'est qu'il manquait beaucoup de monde».

Lance Armstrong fait alors savoir qu'il n'était «jamais dans l'hôpital» sans Bill Stapleton (son avocat et agent), sa mère Linda, Jim Ochowicz (son ex-directeur sportif chez Motorola, devenu un ami) et John Korioth (un autre ami). «Jamais, dans aucune pièce. Ç'aurait été impossible d'être où que ce soit dans cet hôpital sans eux.»

Plus loin, interrogé sur la présence de Stephanie McIlvain, Lance Armstrong laisse pourtant le doute s'installer : «Je me souviens qu'elle était dans l'Indiana. Je... vous savez, je ne me souviens pas exactement qui était dans la pièce, et qui n'y était pas.»

Par ailleurs, Lance Armstrong, qui avait téléphoné à Frankie Andreu et Stephanie McIlvain la veille de leur déposition respective, avait affirmé qu'il y aurait une ou plusieurs déclarations officielles de médecins de l'Hôpital universitaire de l'Indiana indiquant que la scène n'avait jamais eu lieu. Ces déclarations, à supposer qu'elles aient réellement existé, ne furent jamais présentées au tribunal.

Au cours de sa déposition, Lance Armstrong assura qu'aucun médecin n'était entré dans la pièce. Son avocat Tim Herman expliqua pourtant par la suite sur une station de radio américaine [1] que Betsy Andreu avait mal saisi les propos des médecins qui avaient évoqué l'EPO, les stéroïdes et

---

1. Sur NPR, National Public Radio, le 24 juin 2006, Tim Herman donna cette version : «M. Armstrong prenait des stéroïdes à l'époque, qui faisaient partie de son traitement postopératoire. Il est très possible que les stéroïdes et l'EPO aient été mentionnés au cours de cette conversation avec les deux médecins pour signifier soit le traitement en cours, soit celui que M. Armstrong aura à suivre après une opération, ou bien encore à sa sortie de l'hôpital.»

la testostérone comme éléments de sa thérapie. Mais comment est-il possible pour Betsy Andreu de mal interpréter les dires des médecins si, comme l'a attesté Lance Armstrong, il n'y en eut jamais dans la pièce ? Même Stephanie McIlvain reconnut sous serment que deux médecins étaient avec eux dans cette salle de conférence.

Enfin, Lance Armstrong expliqua que l'unique raison qui poussait Betsy Andreu à agir ainsi était simple à deviner : « Elle me déteste. » « Pourquoi aurait-elle menti, elle comme son mari ? » interroge d'ailleurs Richard Pound [1]. Ça tient d'autant moins que, on l'a vu, à l'époque des faits, en 1996, les Andreu et Lance Armstrong étaient alors bons amis, et ce jusqu'en 1999. Et va-t-on faire six heures de route pour rendre visite à quelqu'un que l'on « déteste » et qui malgré cela vous accueille ?

Il restait alors à connaître la version des trois dernières personnes témoins de la scène : Lisa Shiels, Chris Carmichael et sa future épouse Paige. Les avocats de SCA Promotions ne purent localiser la première, qui avait disparu de la circulation neuf ans après les faits, et ne purent entrer en contact avec Chris Carmichael, qui avait été au cœur de la préparation d'Armstrong tout au long de sa carrière. De toute manière, ils s'attendaient plutôt à ce que lui et sa compagne de l'époque soient appelés à témoigner par la partie adverse. Étonnamment, il n'en fut rien. À ce titre, il faut rappeler que l'acte de parjure – ou faux témoignage – devant un agent fédéral ou un tribunal est passible d'emprisonnement aux États-Unis.

---

1. Le Canadien, ex-président de l'Agence mondiale antidopage, était interrogé dans le cadre d'un documentaire sur la question diffusé le 3 janvier 2007 sur CBC News, une chaîne de télévision canadienne.

Chris Carmichael mettra même en doute la présence de sa future femme à l'hôpital, comme pour mieux la désengager. Le 27 juin 2006, il confiera au site en ligne américain cyclingnews.com que sa future épouse Paige était « soi-disant présente lors de cette scène à l'hôpital de l'Indiana. Elle ne se souvient de rien de tout ça ». Or, les époux Andreu comme Stephanie McIlvain attestèrent que Paige était bel et bien là. L'intéressée refusera de répondre à la sollicitation du site en ligne américain.

Un autre intervenant validera bien malgré lui l'existence d'une telle scène à l'hôpital : Bill Stapleton. L'agent et avocat de Lance Armstrong avait souhaité rencontrer Frankie Andreu lors du Tour de France 2004 afin de désamorcer le témoignage de son épouse Betsy à l'encontre de Lance Armstrong. Devenu méfiant, Frankie Andreu enregistra la conversation sur un dictaphone numérique dont la teneur fut produite lors de la procédure d'arbitrage. Et lorsque Frankie Andreu lui demande s'il sait ce qui s'est passé le 28 octobre 1996 à l'hôpital d'Indiana, Bill Stapleton a alors la réponse suivante : « Oui, je sais. »

Côté médecin enfin, seule une attestation signée de la main du clinicien Craig Nichols fut produite, assurant que cette scène n'avait jamais eu lieu. Et pour cause : Craig Nichols n'y était pas présent. Dans cet hôpital, dévolu à la recherche et aux soins contre le cancer, de nombreux médecins aux qualifications diverses travaillent tous les jours et rendent visite aux patients. Un seul témoigna, par écrit, en faveur de Lance Armstrong : celui qui supervisait son traitement.

Craig Nichols écrira également qu'il n'avait jamais demandé à Lance Armstrong s'il avait eu un jour recours aux produits dopants alors même – il l'écrit par ailleurs – qu'ils ont évoqué son passé médical. Étrange oubli. En outre, son avocat Tim

Herman certifia que cette question lui fut posée à maintes reprises par des médecins et répertoriée comme telle dans l'épais dossier médical d'Armstrong (280 pages). Sauf par celui qui suivait l'évolution de son traitement. Sur ce point des antécédents médicaux, Craig Nichols se contenta d'une réponse de Lance Armstrong relative à son dossier médical : « Je bois occasionnellement de la bière [1]. »

Emma, Greg, Jonathan, Mike...

Anciens équipiers, personnels d'équipe ou de maison, scientifiques de la performance... une vingtaine de personnes ont témoigné des agissements frauduleux de Lance Armstrong pour bâtir coûte que coûte un palmarès inégalable du Tour de France. Sept d'entre elles ont même confirmé leurs dires en déposant sous serment, dans le cadre notamment du contentieux opposant la société SCA Promotions à l'entité sportive de l'équipe US Postal, Tailwind Sports, entre septembre 2005 et février 2006.

Parmi eux, Emma O'Reilly. Le témoignage de l'ancienne masseuse attitrée du coureur texan est abondamment retranscrit dans *L.A. Confidentiel*. Sans expérience ni culture cycliste enracinée, la jeune Irlandaise migre aux États-Unis en 1994, œuvre en tant que masseuse pour le compte de la modeste équipe Shaklee, intègre deux ans plus tard le staff plus imposant de la formation Subaru-Montgomery, qui passera la main à l'US Postal en 1998. En dépit de son aversion naturelle pour les protocoles médicaux, dont elle a appris peu à peu l'existence au sein des équipes professionnelles,

---

1. Associated Press, 31 mai 2006.

ses expériences, vécues de l'intérieur pendant trois ans (1998-2000), ne laissent place à aucune ambiguïté. Son qualificatif de soigneuse, en revanche, entretient la confusion. À l'époque, était déclaré soigneur celui qui était également apte à se substituer au médecin d'équipe, à fournir au coureur tout ce dont il a besoin : produits de récupération licites (vitamines, minéraux) comme illicites (injections de cortisone, de testostérone, d'EPO ou autre substance interdite). Et était pieusement déclaré « protocole médical » tout ce qui était de ce registre, dont le dénominateur commun est de passer par l'aiguille d'une seringue. Même en ne voulant pas s'associer à ces pratiques, au point de culpabiliser parfois de ne pas se rendre plus « utile », Emma fut bien obligée de les voir. Elle les recensa sur son carnet intime.

Sans fanfaronnade ni intérêt personnel, Emma a donc expliqué avoir vu, et même commis, des actes illicites qu'elle réprouve. Voici les plus éloquents.

Chronologiquement, le premier événement embarrassant sa conscience date de juin 1998. Depuis le début de cette année-là, qui coïncide avec le retour officiel de Lance Armstrong sur un vélo après son cancer, lui et quelques équipiers « se plaignaient parfois de ne pas être entourés de bons soigneurs ». Arrive le Tour du Luxembourg, en juin, où elle se retrouve avec un autre soigneur pas plus concerné par le « programme médical » de la toute jeune équipe US Postal. Sur place, « Lance et [un autre coureur] s'impatientaient et je me sentais mal à l'aise, livre-t-elle. Je savais qu'on avait des trucs dans le camion. Alors, je l'ai ouvert et je leur ai dit : "Allez-y les gars, servez-vous vous-mêmes." Ils se sont jetés dessus. »

Si 1998 se présente comme le « tour de chauffe » de Lance Armstrong, 1999 consacre son premier tour de magie. En un

an et de nombreuses courses, Emma O'Reilly exécute proprement sa tâche et tous les coureurs apprécient son travail.
Son écoute aussi. Être soigneur signifie passer au moins une
heure en tête-à-tête avec l'athlète et les confidences s'étalent
peu à peu sur la table de massage. Emma a ainsi gagné naturellement la sympathie du leader de l'équipe US Postal, sa
confiance aussi. Même si elle ne participe pas au «programme
médical», laissé entre les mains d'une équipe de médecins
espagnols, Lance Armstrong l'apprécie. Au point de la désigner
comme sa soigneuse attitrée. Voilà comment l'Irlandaise a
pu recueillir des phrases, des réflexions de Lance Armstrong,
qu'elle a reportées sur son agenda. Comme cette conversation
tenue en juin 1999, dans un hôtel situé sur l'itinéraire du
Critérium du Dauphiné Libéré : « Un soir, pendant que je lui
faisais un massage, Lance m'a dit que son taux d'hématocrite
était à 41 ce jour-là. Sans réfléchir, je lui ai répondu : "Mais c'est
terrible, 41, qu'est-ce que tu vas faire ?" Tout le monde dans
le cyclisme sait qu'on ne peut pas gagner avec un taux de 41.
Il m'a regardée et il m'a dit : "Emma, tu sais ce que je vais
faire ? Je vais faire comme les autres." J'ai pensé : Mon Dieu,
oui ! J'avais l'air stupide de lui demander ça. »

Bien malgré elle, Emma fut directement actrice d'une
scène de camouflage. Le fait remonte au vendredi 2 juillet
1999, veille du départ du Tour de France, le premier des sept
succès consécutifs. Ce jour-là, tous les coureurs doivent se
soumettre à un examen médical, plus routinier qu'efficace.
Poids, mesure, prise de tension, capacités respiratoires, rythme
cardiaque… La visite n'a rien d'angoissant et s'avère une
bonne mise en bouche pour les photographes. Seulement,
il y a un problème.

« Lance, raconte Emma, m'a demandé de chercher dans

mon nécessaire de maquillage si j'avais quelque chose pour cacher les hématomes causés par les seringues sur son bras, son bras droit si j'ai bonne mémoire. Il ne voulait pas que des gens voient ces traces et se mettent à soupçonner quelque chose. » Constatant qu'une ou plusieurs couches de son propre fond de teint ne seraient pas suffisantes, Emma est alors sortie pour acheter en boutique un fond de teint couvrant. « Il se l'est étalé et nous avons rigolé car je trouvais que ça ne rendait pas très bien. »

Or selon trois « connaisseurs » – un ex-coureur, Jérôme Chiotti, un soigneur, Willy Voet, et un médecin, Jean-Pierre de Mondenard –, la présence de piqûres sur la partie externe du haut d'un bras est sans appel : il ne peut s'agir que « d'un vaccin, d'insuline, d'EPO ou d'hormones de croissance » (de Mondenard), « d'hormones de croissance, d'EPO ou de corticoïdes » (Chiotti), « d'hormones de croissance, d'EPO, de corticoïdes ou d'amphétamines » (Voet). En aucun cas de produits licites ou de récupération.

Enfin, par trois fois, Emma brisera son pacte intime, celui de ne pas être mêlée aux transports de produits dont elle se doutait de la nature délictueuse. Le premier, au printemps 1998, concerna un coureur toujours en activité, George Hincapie, qui lui demanda d'aller chercher pour lui de la testostérone à Gand, en Belgique. Ce qu'elle fit par amitié.

Les deux autres navettes l'ont été pour le compte de Lance Armstrong. D'abord, lorsque le Texan, qu'elle amenait à l'aéroport au sortir du Tour de Hollande en août 1998, lui remit un paquet de seringues vides à jeter sur sa route du retour. Ensuite, au terme d'un camp d'entraînement effectué dans les Pyrénées en mai 1999 en vue du Tour de France. Le vendredi 6 mai, Lance Armstrong lui demande de se rendre en voiture en Espagne, à Piles, siège espagnol de l'équipe US Postal, pour aller récupérer des «produits médicaux» auprès du médecin de l'équipe, Luis del Moral. Soit cinq heures de route aller et une frontière à franchir. Sur place, le directeur sportif de l'équipe, le Belge Johan Bruyneel, lui remet discrètement un flacon de comprimés blancs. Deux jours plus tard, le 8 mai, elle effectue le trajet inverse jusqu'à... Nice et le parking d'un McDonald's où Armstrong l'attend. «Lance est sorti de sa voiture et je lui ai tendu le flacon. Tout s'est passé en quelques secondes. Nous n'avons plus jamais parlé de ce voyage en Espagne.»

Au cours des dix-huit derniers mois de son contrat avec l'US Postal, Emma O'Reilly fut peu à peu marginalisée, mise au rebut, dînant seule dans sa chambre, perdant peu à peu l'amitié et le soutien de l'ensemble du personnel de l'équipe, hormis ceux du mécanicien belge Julien De Vriese. Pourquoi? Parce que Johan Bruyneel avait découvert son agenda intime, ses convictions, ses résolutions. Comme d'autres avant elle (personnel d'encadrement ou coureurs), le Belge la poussera graduellement vers la sortie, la rétrogradant au rang de simple soigneur sur des courses de moindre importance. Emma O'Reilly quittera ses fonctions en catimini, à la fin de la saison 2000. Ce n'est que trois ans plus tard, en juin 2003, alors installée dans une nouvelle vie, qu'elle acceptera de témoigner.

Les témoignages faisant état d'une préparation dopante jalonnent toutes les équipes dans lesquelles s'est retrouvé Lance Armstrong, et ce dès les rangs juniors de l'équipe nationale américaine. En 1989 et 1990, Greg Strock faisait partie, au même titre que Lance Armstrong, de cette sélection, et les deux jeunes coureurs ont d'ailleurs disputé ensemble

plusieurs courses chapeautées par les mêmes entraîneurs.
Un an plus tard, Greg Strock pouvait à peine marcher. Alors
qu'il avait rejoint l'effectif amateur de l'équipe espagnole
Banesto début 1991, il tomba soudainement malade et son
état se détériora rapidement. Inflammation de la gorge, ganglions lymphatiques, arthrite articulaire, douze à seize heures
de sommeil par jour, respiration difficile, fatigue générale…
Les diagnostics médicaux se perdaient en conjectures jusqu'à
ce qu'on lui découvre l'infection la plus aiguë dite de parvovirus, un virus à ADN. Mais, en dépit de soins adéquats,
il ne put jamais recouvrer ses moyens physiques et dut se
résoudre à mettre un terme à sa carrière naissante en 1993,
à l'âge de 20 ans. Strock assura sa reconversion en devenant…
médecin. Lors de son cursus, en 1998, il étudia les stéroïdes et
les corticoïdes, et fit alors le rapprochement avec les injections
qu'on lui avait administrées durant ses deux années passées
au sein de l'équipe nationale. Après des mois de recherches,
Strock en était persuadé : sa dégénérescence physique était
due aux pratiques médicales exercées par une partie de l'encadrement sportif. En 2000, Greg Strock décida d'attaquer la
Fédération américaine de cyclisme en justice. Dans sa déposition devant la cour de Denver en 2000, il rapporte entre
autres qu'un entraîneur lui a injecté ce qu'on lui présentait
comme de « l'extrait de cortisone », appellation totalement
farfelue : la cortisone existe en tant que produit, mais pas
l'extrait de cortisone. Une enquête menée par un journaliste
américain, Scott Reid, parue dans l'*Orange County Register*,
a identifié ce coach comme étant Chris Carmichael, sans que
ce dernier l'ait contesté. Carmichael est le premier mentor de
Lance Armstrong, son premier entraîneur, et demeure dans
le premier cercle de ses proches.

Plus encore, Stephen Swart, coureur chez Motorola de 1994 à 1996, a livré en détail les circonstances du passage à l'acte dopant de certains coureurs de sa formation, parmi lesquels Lance Armstrong a joué une part active. Le Néo-Zélandais a d'ailleurs rapporté sous serment sa version des faits dans le cadre du procès SCA Promotions contre Lance Armstrong. Il situe le point de départ du basculement définitif à Côme, en mars 1995, après Milan-San Remo, lors d'un stage d'entraînement avec Frankie Andreu, Kevin Livingston, George Hincapie et Lance Armstrong. « 1994 n'avait pas été une bonne année et nous nous demandions combien de temps encore les sponsors allaient nous suivre [1], explique-t-il […]. Nous pensions sérieusement à ce qu'il fallait faire pour remédier à la situation. Le sentiment général était qu'il fallait tenter quelque chose. […] C'était plutôt la décision des seniors : Lance, Frankie et moi. Lance participait pleinement à la discussion et son avis était qu'il fallait y aller. »

Huit ans après les faits, Stephen Swart détaillait le processus, confiant que, pour sa part, il avait eu recours pour la première fois à l'EPO sur le Tour de Suisse 1995. « Chacun d'entre nous s'organisait pour lui-même, on ne faisait pas ça collectivement. […] Les soigneurs en chef de l'équipe [Motorola] étaient au courant. » De son côté, Frankie Andreu avouera aussi avoir succombé à l'EPO en 1999 [2]. Swart mettra un terme à sa carrière sportive fin 1996 et retournera dans sa Nouvelle-Zélande natale où il est également devenu… médecin.

Depuis lors, c'est une kyrielle d'équipiers de la garde rapprochée de Lance Armstrong qui, au gré des années, soit ont

---

1. *L.A. Confidentiel, op. cit.*, p. 87.
2. Voir David Walsh, *From Lance to Landis*, Ballantine Books, 2007, p. 159.

été confondus, soit ont avoué, soit ont été cités dans divers ouvrages de langue française ou anglaise sans qu'ils aient attaqué les auteurs en justice : Tyler Hamilton (positif au dopage sanguin en 2004), Roberto Heras (positif à l'EPO en 2005), Floyd Landis (positif à la testostérone en 2006), George Hincapie (cité sous serment par Emma O'Reilly), Manuel Beltran (positif à l'EPO en 2008), Frankie Andreu (aveu), Kevin Livingston [1], Jonathan Vaughters...

Arrêtons-nous un instant sur Vaughters, justement. Sa trajectoire de coureur atypique – l'homme, remarquablement intelligent (un QI évalué à 150), est venu par curiosité dans le cyclisme professionnel – l'a fait passer deux ans par l'équipe US Postal de Lance Armstrong avant d'intégrer les rangs de l'équipe française du Crédit Agricole en 2000. Sous les ordres de Roger Legeay, il constate que, sur les gravats de l'affaire Festina du Tour 1998, ses nouveaux équipiers se soumettent à un programme médical sain et raisonnable, loin de ce qu'il avait connu à l'US Postal. Il s'en ouvre sur Internet dans un message MSN adressé à son ex-équipier américain et toujours ami Frankie Andreu. Les propos, échangés le 26 juillet 2005, soit quatre jours après la septième victoire de Lance Armstrong sur le Tour de France, évoquent notamment le recours aux transfusions sanguines [2] au sein de l'équipe US Postal. Extraits d'une conversation, reproduite telle quelle :

JONATHAN VAUGHTERS. Je n'arrive toujours pas bien à comprendre pourquoi je n'ai pas moi-même suivi le mou-

---

1. Une enquête italienne menée en 1998 au domicile de Michele Ferrari le fait apparaître sur sa liste des consommateurs d'EPO, tandis que l'ancien coureur Philippe Gaumont le mentionne dans son livre (*Prisonnier du dopage*, Grasset, 2005) parmi les coureurs ayant bénéficié d'EPO avant le Tour de France 1998.
2. Conversation retranscrite dans *From Lance to Landis, op. cit.*, p. 306-311.

vement de foule autour de Lance – merde, ça m'aurait facilité la vie, non ? Ce n'est pas comme si je n'avais jamais joué avec le feu, eh ?

FRANKIE ANDREU. [...] Je sais, mais à la fin, je ne pense pas que ça te reviendra en pleine tête. Moi aussi, j'ai joué avec, pas mon épouse, et Lance nous déteste tous les deux. C'est une situation sans issue, tu sais comment il est. Une fois que tu quittes l'équipe ou que tu fais quelque chose de travers, tu es grillé pour toujours.

[...]

J.V. Tu sais, une fois que je me suis aperçu au CA [Crédit Agricole] que toutes les équipes ne s'envoyaient pas vingt-cinq injections par jour, je me suis senti mal. Au CA, c'était ZÉRO.

F.A. C'est dingue.

J.V. J'ai réalisé que Lance [Armstrong] nous bourrait le mou en disant que tout le monde le faisait.

[...]

F.A. Après 1999, beaucoup de choses ont changé [dans le vélo]. Sauf Lance.

J.V. Le truc le plus fou que j'aie jamais entendu, c'est que Johan [Bruyneel] et Lance ont vidé dans les toilettes, et devant lui, la poche de sang que Floyd [Landis] devait s'injecter lors d'une journée de repos [1].

F.A. Merde, c'est complètement fou. Je n'avais jamais entendu parler de ça.

J.V. Je le tiens de Floyd. Cette année [2005], il a roulé sans transfusion.

F.A. J'ignorais. Il a pourtant fait fort.

---

1. Floyd Landis allait quitter l'équipe US Postal à la fin de la saison pour devenir leader de la formation suisse Phonak.

J.V. Je pourrais même te dire comment Lance a dupé son monde.

F.A. Et comment GH [George Hincapie] faisait pour monter les cols en tête devant tout le peloton ?

J.V. De la manière dont me l'a raconté Floyd, je connais la méthode.

F.A. Vas-y, explique. Quand en as-tu parlé avec Floyd ?

J.V. Je ne sais plus. [...] C'est compliqué maintenant d'éviter tous les contrôles – ça n'a rien à voir avec une nouvelle substance, mais avec la manière planifiée de procéder. C'est pour ça qu'ils se sont tous plantés lors de la neuvième étape – ils n'ont pas été réalimentés –, puis lors de la journée de repos, boum, 800 millilitres de cellules bien denses.

F.A. Ils ont maîtrisé le processus, bien joué.

J.V. Ils ont retiré le sang juste après le Dauphiné [course française qui a lieu en juin].

F.A. Comment se débrouillent-ils pour passer à travers, ou pour le garder ? Je suis sûr que ce n'est pas dans le frigo du camion.

J.V. Une moto – des glacières réfrigérées les jours de repos. Floyd a une photo du truc.

F.A. Dingue. Le procédé est monté d'un cran.

J.V. Oui, c'est compliqué mais, avec de l'argent, tu peux le faire.

F.A. Ils ont assez d'argent. Floyd était en rogne contre eux pendant tout ce Tour.

J.V. N'importe comment, j'ai de la peine pour Floyd et pour certains des autres gars. Pourquoi Lance continuerait-il comme ça alors qu'il n'a rien à prouver ? C'est bizarre.
[...]
J.V. Et qu'est-ce que je dis à l'un de mes sponsors qui aimerait connaître mon sentiment sur la question ?

F.A. Fais le con. Tu ne peux pas lui parler de tout ça. Je crois qu'il serait terrorisé.

J.V. Ouais, c'est délicat.

F.A. Je sais. [...] Ils n'arrêteront pas. [...] J'en ai marre d'entendre partout que Lance est grand, un mec super, etc. C'est dur de ne pas l'ouvrir pour dire ce qu'il est vraiment. [...] Mes enfants se réveillent. Je dois y aller. On se reparle plus tard.

J.V. À plus.

Jonathan Vaughters était non seulement considéré comme un individu supérieurement intelligent, mais aussi comme un coureur sain dans un environnement qui ne l'était guère. Pour autant, il a «joué avec le feu», ce qu'il confirmera plus tard dans une interview accordée au *New York Times*. « Je n'ai pas une auréole au-dessus de la tête. J'ai commis quelques erreurs quand j'étais coureur », confiera-t-il à la journaliste Juliet Macur.

Vaughters, qui a quitté l'équipe de l'US Postal en 1999 pour rejoindre celle du Crédit Agricole, évoque sa prise de conscience, comme sa culpabilité. Mais, surtout, il met en avant l'existence d'un système organisé autour de la transfusion sanguine, comme le lui a expliqué Floyd Landis. Le sang était retiré des coureurs aussitôt après le Critérium du Dauphiné, soit trois semaines avant le départ du Tour de France, et réinjecté durant l'épreuve.

Les deux hommes furent très embarrassés lorsque leur échange électronique, évoqué pendant la procédure d'arbitrage opposant la compagnie SCA Promotions à Lance Armstrong, a été légalement versé dans le domaine public trois semaines plus tard. Vaughters, devenu manager de l'équipe américaine Garmin puis président de l'AIGCP [1] en février 2009,

1. Association internationale des groupes cyclistes professionnels.

dut rédiger une attestation aux avocats de Lance Armstrong précisant qu'il avait exagéré certains faits et que des informations provenaient de sources de deuxième main. Pour autant, le recours à la transfusion sanguine au sein de l'équipe de Lance Armstrong avait été éventé.

Ce procédé, indétectable aux contrôles dès qu'il s'agit de transfusion autologue – son propre sang, et non celui d'un donneur –, a fait l'objet d'un bref passage dans un livre paru en 2008 [1]. Son auteur, Jean-Emmanuel Ducoin, rédacteur en chef à *L'Humanité*, rapporte une conversation avec «un haut diplomate français», nous précisera-t-il. Le journaliste écrit en substance: «L'homme, digne de foi, m'affirma que l'équipe de Lance Armstrong, l'US Postal à l'époque, avait fait acheminer des poches de sang survitaminé et préparées avant le départ du Tour, dans un lieu inviolable: le consulat des États-Unis, à Bordeaux. Faisant étape dans la cité girondine [2], il suffisait, pour les membres de l'équipe américaine, de venir se servir le soir de l'étape avant de regonfler les coureurs en sang frais pour la fin du Tour.»

Par-delà les «programmes médicaux», un autre témoin a raconté ce qu'il a découvert accidentellement dans la salle de bains de la résidence espagnole de Lance Armstrong, à Gérone. Mike Anderson fut l'assistant personnel du coureur en 2003 et 2004, totalement dévoué comme le fan qu'il était à la cause du Texan. Les deux hommes se lièrent de sympathie, au point que Lance Armstrong lui promit de

1. Jean-Emmanuel Ducoin, *Tour de France, une belle histoire?*, Michel de Maule, 2008, p. 141.
2. Il ne peut donc s'agir que de l'édition 2003.

l'aider à réaliser son rêve : ouvrir un magasin de cycles. En février 2004, son patron lui ordonna de faire disparaître toute trace du passage de Kristin, son ex-femme, parce qu'il allait débarquer avec sa petite amie d'alors, la chanteuse Sheryl Crow. Anderson découvrit alors une boîte de pilules dans la salle de bains de la grande chambre. Le nom du produit, avec « Andro » pour préfixe, le chiffonna [1]. « À part Anderson, ironisa-t-il plus tard, les mots commençant par AND dans le langage médical sont généralement des stéroïdes. » Sur le moment, il resta interdit puis effectua une recherche sur Google pour en savoir davantage. Après la consultation de plusieurs liens électroniques, il confronta le nom du produit avec la liste des produits interdits de l'Agence mondiale antidopage. « Quand je l'ai trouvé, je n'en ai pas cru mes yeux [2]. » Le produit était effectivement référencé dans la famille interdite des stéroïdes.

Mû par un sixième sens, Lance Armstrong sentit que quelque chose clochait à son arrivée. Plusieurs fois, il testa son employé avant finalement de le congédier neuf mois plus tard. La raison ? « Le courant ne passait plus », se vit-il répondre.

Le 16 janvier 2006, Mike Anderson confirma sous serment son témoignage dans le cadre de la procédure d'arbitrage opposant la société SCA Promotions à Tailwind Sports et Lance Armstrong.

---

1. Selon le docteur Jean-Pierre de Mondenard, l'Androstenine est « un précurseur de la testostérone, le chef de file des anabolisants ».
2. Voir *L.A. Officiel*, La Martinière, 2006, p. 35.

Un environnement médical sulfureux

Les liens entretenus par Lance Armstrong avec le dopage sont éventés par plusieurs sources, qu'elles soient directes – faits ou témoignages – ou indirectes. Ces dernières conclusions relèvent autant du décryptage physiologique de ses performances, établi par plusieurs scientifiques, que de son environnement médical.

Sur ce point, l'expérience du Dr Prentice Steffen à la tête de la cellule médicale de l'équipe Motorola, au sein de laquelle Lance Armstrong lança sa carrière professionnelle (1992-1996), est significative. Tout comme l'est celle vécue précédemment par son confrère italien Massimo Testa.

Testa se souvient des approches détournées des coureurs de Motorola pour en savoir plus sur l'EPO, à une époque où cette hormone alors indétectable au contrôle antidopage faisait l'objet d'innombrables rumeurs. L'équipe américaine fit appel à ses services dès ses débuts (1991) et jusqu'en 1996. Ce n'est qu'à partir de 1994 que des coureurs l'ont questionné sur le sujet. Au début, Testa tenta bien de les dissuader. « J'ai essayé de leur expliquer que l'EPO n'avait pas autant d'effet que ce que tout le monde croyait[1] », explique-t-il. Mais le principe de précaution devint vite intenable. « Finalement, j'ai commencé à nourrir des doutes. Peut-être prenaient-ils quelque chose. Mais la preuve est une chose, le secret médical en est une autre. […] Mon boulot était de les décourager à prendre des trucs, mais en même temps de laisser la porte ouverte s'ils avaient un problème. »

Laisser la porte ouverte… Cet aveu d'impuissance le conduisit

1. Voir *L.A. Confidentiel*, *op. cit.*, p. 79.

à un échec personnel quand il apprit par hasard que Lance Armstrong avait mis, dès la fin 1995, sa carrière entre les mains d'un «préparateur» extérieur, le trop célèbre italien Michele Ferrari, bientôt condamné par la justice de son pays.

Prentice Steffen œuvra en parallèle à Testa au sein des deux formations américaines, Motorola puis US Postal, qui se succédèrent avec un effectif quasi analogue. Ce n'est qu'en juin 1996, sur un Tour de Suisse bien mal engagé face à la concurrence d'équipes européennes fonctionnant au dopage sanguin, qu'il fut à son tour confronté à la réalité du milieu. Mais plus que des questions, il s'agissait dès lors d'une demande : il fallait sauter le pas. Steffen rapporte une conversation avec deux coureurs de l'époque, Marty Jemison et Tyler Hamilton.

« Il faut qu'on discute du programme médical, commença Jemison [1]. En tant qu'équipe, on ne pourra pas atteindre notre but en continuant comme ça.

– Je pense que je fais déjà tout ce qui est en mon pouvoir.

– On peut faire plus.

– Oui, je comprends, mais je ne veux pas être mêlé à ça. »

Après cette conversation, les rapports de Prentice Steffen avec les coureurs de l'US Postal se détériorèrent graduellement. Il fut envoyé sur des courses de moindre importance, jusqu'à ce que la direction de l'équipe ne fasse définitivement plus appel à lui. Fin octobre 1996, après maintes relances ou demandes d'explication, Steffen reçut finalement une réponse sur son répondeur téléphonique : l'équipe n'avait plus besoin de ses services. Il sera remplacé par un médecin espagnol, Pedro Celaya.

---

1. *Ibid.*, p. 154.

L'équipe américaine est progressivement passée à l'heure européenne. Parmi les médecins ou «préparateurs» espagnols embauchés saison après saison (Pedro Celaya, José Arenas, Luis del Moral, José Marti), se trouve José Aramendi. Le Dr Aramendi est arrivé en 1999 au sein du corps médical de l'US Postal en provenance de la formation espagnole Once, dans laquelle évoluait notamment Johan Bruyneel, alors coureur. Quatre ans plus tôt, sur le Tour d'Espagne 1995, une équipe de journalistes danois avait découvert un stock d'EPO dans l'une de ses chambres d'hôtel. Et le coureur suisse Alex Zülle corrobora ce soupçon de préparation dopante dans le cadre de l'affaire Festina quand, interrogé par la police en 1998, il déclara dans sa déposition : « Quand je courais pour Once, nous utilisions de l'EPO sous la surveillance du Dr Terrados et d'un médecin nommé José [1]. » Le seul médecin de Once se prénommant José était Aramendi. Et il ne préconisait pas une cure d'oligo-éléments.

Les listes d'autorisation d'importation médicamenteuse de l'équipe US Postal, adressées à l'Agence française de sécurité sanitaire des produits de santé pour les Tours de France 2000 et 2001, attestent cet environnement médicalisé et dopant. 126 produits répertoriés, dont une douzaine interdits par la législation antidopage, la première année, 119 références la seconde. Une profusion qui ne répond à aucune logique thérapeutique : en moyenne – selon un mode de calcul s'appuyant sur l'effectif complet de l'équipe et le nombre de jours de course –, chaque coureur était invité à ingurgiter 12 ou 13 produits chaque matin. Sans compter les injections, celles qu'évoque notamment Jonathan Vaughters.

Mais, dans cet environnement médical collectif, où est

1. *Ibid.*, p. 163.

passé Lance Armstrong ? Un lien plus direct relie le Texan au dopage : Michele Ferrari.

Pendant cinq ans, jusqu'en juillet 2001, l'intéressé cachera son association avec celui qui était bien connu dans le milieu cycliste pour ses pratiques frauduleuses et qui déclara en 1994, au lendemain de l'époustouflant triplé de l'équipe italienne Gewiss-Ballan dont il avait la responsabilité médicale sur la Flèche wallonne, que l'EPO n'est pas plus dangereuse que du jus d'orange. L'homme fut condamné par la justice italienne au terme d'un procès qui dura trois ans [1]. Lance Armstrong avait en son temps justifié sa collaboration avec Ferrari par une tentative contre le record du monde de l'heure. Qui n'eut jamais lieu.

Certitudes scientifiques

À la justice, française celle-là, Lance Armstrong y fut confronté pendant deux ans, de 2000 à 2002. Du moins l'évita-t-il avec un sens aigu de l'esquive. La découverte, filmée le 18 juillet 2000 par des journalistes de France 3, de deux membres de l'équipe US Postal (dont le médecin Luis del Moral) déversant en catimini cinq sacs de déchets médicaux, dont trois boîtes d'Actovegin [2], dans une poubelle d'une aire de repos, déclencha l'ouverture d'une enquête judiciaire

1. Michele Ferrari a été condamné le 1er octobre 2004 pour « fraude sportive », à un an de réclusion avec sursis, à 900 euros d'amende et pour exercice illégal de la profession de pharmacien. Il s'est pourvu en appel pour les deux premiers chefs d'accusation. Le 23 mai 2006, la cour d'appel de Bologne le blanchit sur ces deux points, estimant qu'il y avait prescription.
2. L'Actovegin est de l'extrait de sang de veau déprotéiné qui améliore la circulation de l'oxygène dans le sang. Selon le Pr Michel Audran, expert scientifique auprès de l'Agence française de lutte contre le dopage (AFLD), « l'Actovegin seul ne sert à rien. Il est un supplétif à l'EPO ».

confiée au juge Sophie-Hélène Château. Par deux fois, Lance Armstrong refusera de se rendre à ses convocations. Au terme d'une rocambolesque procédure, de pistes inabouties, d'alibis fantaisistes, d'examens inachevés de pièces au dossier, de freins à l'instruction, la juge Château dut rendre une ordonnance de non-lieu en août 2002. Non sans s'être forgé une certitude personnelle.

Dans *L.A. Confidentiel*, les quatre éminents cancérologues que nous avions questionnés avaient unanimement émis de profonds doutes sur la renaissance « naturelle » de Lance Armstrong après avoir souffert d'un cancer métastasé. Et encore, les propos précautionneux employés, eu égard à leur devoir de réserve professionnel, édulcorèrent le « off » que la loyauté nous empêcha d'exploiter. Avec eux, d'autres personnalités, expertes dans l'analyse de la performance sportive, ont en revanche été plus définitives dans leurs conclusions, faisant état d'« impossibilités physiologiques ». En clair, les exploits d'Armstrong n'étaient pas autrement explicables que par le recours au dopage.

Ainsi, les relevés des taux d'hématocrite de Lance Armstrong, sur la période décembre 1997-juin 1998, que nous nous étions procurés, attestaient d'un apport exogène pour trois scientifiques aux approches complémentaires (un biophysicien, un hématologue, un médecin dans le cyclisme). Quant au décryptage analytique de ses performances, les résultats sont sans appel. Ceux d'Antoine Vayer [1], scientifiquement validés, furent dans un premier temps décriés ou rejetés par une partie du milieu cycliste, mais jamais contredits. Au moyen d'une méthode vidéo, fondée sur des travaux

1. *L.A. Confidentiel*, op. cit., p. 291-312.

52

de mesure de la puissance scientifiquement actés, Antoine Vayer et sa petite équipe[1] dissèquent les performances... et relèvent celles qui sont en dehors du champ humain. « Les performances de Lance Armstrong étaient au-delà du réel », explique-t-il encore et toujours.

Les travaux de Michael Ashenden rejoignent par une autre méthodologie la même conclusion. Le scientifique australien, une autorité en matière de physiologie, qui élabora entre autres un test de dépistage des substituts sanguins à l'Institut australien du sport, démonta point par point, au prix de multiples recoupements et comparatifs, les performances d'Armstrong au cours de sa déposition sous serment du 22 décembre 2005, dans le litige qui opposait Lance Armstrong à la compagnie d'assurances SCA Promotions[2]. La conclusion de ses recherches était là aussi dénuée d'ambiguïtés : « Il n'y a aucun doute possible ; il a utilisé des produits dopants à un moment donné. »

Michael Ashenden collabore depuis la fin de 2008 au comité de pilotage du passeport sanguin mené par l'UCI. Ce comité utilise l'expertise de dix scientifiques (voir chapitre 2). Trois d'entre eux – les professeurs Michael Ashenden, Robin Parisotto, Michel Audran –, qui se sont intéressés au cas Lance Armstrong, n'en sont plus à se poser la question de savoir si l'Américain se dopait, mais comment il procédait. À ce titre, le Pr Audran a sa petite idée : « La technique, on l'a découverte avec Fuentes[3], explique-t-il. Il s'agit de s'injecter du

---

1. Frédéric Portoleau (ingénieur en logiciels embarqués), Cyrille Tronche (entraîneur et conseiller technique régional), Grégoire Millet (maître de conférences à la faculté des sciences des sports de Montpellier).

2. *L.A. Officiel, op. cit.*, p. 207-234.

3. Eufemiano Fuentes, médecin espagnol qui donna son nom à l'affaire de démantèlement d'un réseau sanguin en Espagne, en mai 2006.

sang la veille ou le matin de l'étape, quand on est sûr qu'il n'y aura pas de contrôle sanguin, et de se le faire retirer le soir. Cela demande de ne pas forcer sur les doses et de s'hydrater énormément. »

Pressions et arrangements

Pour mettre en sourdine les plus sérieuses menaces, Lance Armstrong et son entourage ont, selon le cas de figure, procédé de deux manières : soit un procès, pour finir sur un arrangement financier et confidentiel à l'amiable, soit en exerçant des pressions appuyées.

Emma O'Reilly n'a pas été épargnée par cette politique de harcèlement. Deux jours seulement après qu'un extrait de son témoignage, livré dans *L.A. Confidentiel* en juin 2004, eut paru dans les « bonnes feuilles » de l'hebdomadaire *L'Express*, l'ancienne masseuse de Lance Armstrong reçut la visite de deux de ses avocats, lui enjoignant expressément de se rétracter. L'Irlandaise tint bon, confirmant par ailleurs ses dires dans le cadre de la procédure d'arbitrage entre SCA Promotions et Tailwind Sports, l'entité sportive de l'équipe US Postal.

La perspective d'un déballage lors de cette procédure fut également l'objet de tensions. Lance Armstrong en personne entra en contact avec deux témoins embarrassants, cités par SCA Promotions peu avant qu'ils ne viennent déposer sous serment. Frankie Andreu fut ainsi joint par son ex-leader et ami deux jours avant son audition, le 25 octobre 2005. Le Texan ne le nia pas au cours de sa déposition[1]. La teneur de la conversation ? « Eh bien, je crois que je l'ai appelé parce

1. *L.A. Officiel*, *op. cit.*, p. 144.

que… parce qu'on… parce que Kathy LeMond avait témoigné, et qu'elle avait dit plein de trucs dingues, qui étaient complètement nouveaux pour nous.» Une autre raison à son appel? «À part dire bonjour, rien», répondit-il. Si ce fut le cas, pourquoi diable avoir appelé Andreu?

Même scénario concernant Stephanie McIlvain, la veille de son audition. «On a parlé de son voisin […], c'est tout», se souvint Lance Armstrong.

Si le Dr Prentice Steffen eut lui aussi droit à un coup de fil «menaçant», le 25 juin 2001, de la part du coureur texan [1], c'est sur Greg LeMond que Lance Armstrong porta ses plus vives intimidations. LeMond, triple vainqueur du Tour dans les années quatre-vingt (1986, 1989, 1990), avait fait part de ses doutes dans le *Sunday Times* sur la probité sportive de son successeur lorsque le nom de Michele Ferrari lui fut associé début juillet 2001. Non seulement LeMond fut bombardé de coups de fil de gros bonnets économiques du cyclisme le sommant de se rétracter – notamment de la part du P-DG de Trek, le fabricant de cycles américains, dont bon nombre d'articles sont siglés LeMond et Armstrong [2] –, mais Armstrong le menaça d'un chantage lors d'une conversation téléphonique tenue le 1er août 2001, et retranscrite par son épouse Kathy [3]. Ce chantage fut suivi d'un article paru en août 2001

---

1. *L.A. Confidentiel*, op. cit., p. 266-267: «Son ton était très menaçant. Selon lui, j'avais parlé à des journalistes. […] À quatre reprises, il m'a dit que je devrais faire très attention […], que j'avais déjà été prévenu.»

2. Trek décida de rompre unilatéralement le contrat qui le liait depuis 1995 avec Greg LeMond. Un procès est en cours.

3. *L.A. Confidentiel*, op. cit., p. 262-265. Extraits des propos de Lance Armstrong: «Pourquoi as-tu dit ça? […] Oh, ça va, tu vas peut-être me dire que tu n'as jamais pris d'EPO? […] Allez, tout le monde prend de l'EPO. […] Si tu veux la guerre, tu l'auras. […] Je trouverai au moins dix personnes pour dire que tu as pris de l'EPO. Dix personnes qui témoigneront.»

dans le quotidien américain *USA Today* dans lequel LeMond disait regretter ses propos, tout en étant persuadé que Lance Armstrong «n'a jamais utilisé de substances améliorant la performance». Une rétractation publique que Greg LeMond apprit en… lisant le journal! Jamais il n'avait signé pareille tribune en dépit des pressions. Le 27 octobre 2005, Greg LeMond fut cité à témoigner sous serment dans le cadre du litige SCA Promotions.

À ces quatre personnes s'en ajoutent trois autres, muselées celles-là par une tout autre méthode: l'argent. Plusieurs affaires se sont ainsi terminées en queue de poisson:

• Le procès intenté par Greg Strock contre la Fédération américaine en 2000, dans lequel le nom d'Armstrong avait été mêlé, avait enflé depuis que deux de ses ex-équipiers (Erich Kaiter et Gerrick Latta) s'étaient joints à son dossier pour des raisons similaires de défense immunitaire altérée par les injections de cortisone. Le jugement fut prononcé en novembre 2006. La Fédération américaine fut sommée de verser 250 000 dollars à Strock comme à Kaiter. L'une des conclusions médicales du dossier Strock avançait que son infection de parvovirus avait, à 85 %, une corrélation avec le cancer testiculaire. Ce qui, quelques années après celui de Lance Armstrong, ne manqua pas de soulever des interrogations.

Par ailleurs, la présence de Chris Carmichael, l'entraîneur d'Armstrong, disparut des pièces du dossier. Là encore, une connexion avec Armstrong était malvenue et une compensation financière (de 20 000 dollars) fut évoquée. En échange, une clause de confidentialité interdit aux deux ex-coureurs de revenir publiquement sur les termes du règlement.

• Le licenciement de Mike Anderson, qui découvrit des stéroïdes dans la résidence espagnole du coureur américain, se conclut lui aussi sur un accord financier à l'amiable. Compte tenu de l'absence de raison et des conditions imposées – le premier document juridique stipulait notamment que Mike Anderson devait verser un million de dollars à Lance Armstrong s'il révélait la moindre information estimée confidentielle –, le factotum de Lance Armstrong confia ses intérêts à deux avocats. Au bout d'un an de procédures, les avocats parvinrent à s'entendre après négociations. Les termes de l'accord, signé le 30 novembre 2005, ne furent pas communiqués et les deux parties se lièrent par une clause de confidentialité. Aujourd'hui, Mike Anderson vit en Nouvelle-Zélande. Il y tient une boutique de vélos.

• L'Italien Filippo Simeoni fut également réduit au silence au terme d'une négociation juridique et financière. L'Italien avait été l'un des rares coureurs à avoir témoigné contre Michele Ferrari, le préparateur d'Armstrong, au cours du procès du *dottore*. Le 12 février 2002, Simeoni déposa à la barre : il affirma que, de novembre 1996 à novembre 1997, Ferrari lui avait préconisé de l'EPO mais aussi de la testostérone, ainsi que la posologie nécessaire pour ne pas être positif aux contrôles antidopage. Avec succès. Mais la droiture de Simeoni irrita profondément Armstrong qui en fit une affaire personnelle. Le Texan le lui fit payer sur la route du Tour de France 2004, en condamnant son échappée lors de l'avant-dernière étape, alors que l'Italien ne représentait aucune menace pour son maillot jaune. L'Américain se permit même de traiter Simeoni de « menteur » dans les colonnes du *Monde*. Lequel engagea une procédure pour diffamation. Un an plus tard, l'affaire était réglée, assortie d'une clause de confidentialité empêchant Simeoni d'en raconter la teneur. À l'époque, un chiffre rond circula sur l'arrangement financier : 100 000 dollars.

L'UCI en garde du corps

L'UCI peut se faire valoir d'avoir été la première fédération internationale à instaurer les contrôles de détection de l'EPO (en 1997) ou l'élaboration (poussive) du passeport sanguin, qui pourrait ne pas être valide sur le Tour 2009. Pour autant, les rares fois où son engagement a été passé au crible d'un tribunal [1], c'est plutôt son acceptation tacite du fléau qui a été relevée.

Cinq années de guerre ouverte entre l'UCI et ASO [2], entre 2003 et 2008, ont mis au jour les véritables desseins de la fédération internationale, capable, selon les organisateurs de l'époque, de favoriser la découverte de coureurs dopés sur le seul Tour afin de mieux le discréditer [3].

Cependant, si quelqu'un bénéficia d'un traitement de faveur exceptionnel de la part de l'UCI, c'est bien Lance Armstrong. Tout débute en 1996, sur une question demeurée sans réponse. Le 2 octobre, Lance Armstrong découvre qu'il a un cancer. Au dire de ses propres médecins, ainsi que d'éminents cancérologues questionnés sur le sujet, l'existence de la maladie remonte à «plusieurs mois» au mieux et au pire à «deux ans» [4]. De fait, une question se pose : comment est-il possible que l'un des marqueurs biologiques du cancer testiculaire,

---

1. Par exemple, dans les attendus du jugement de l'affaire Festina du Tour de France 1998, rendus publics le 22 décembre 2000, Daniel Delegove, qui présida les audiences au tribunal de grande instance de Lille, écrit : «Dotée d'une telle connaissance [sur l'extension du dopage], l'UCI s'abstient pendant des années de définir et d'exprimer une stratégie de lutte contre le dopage. [...] L'UCI s'est installée dans une quasi-tolérance du dopage.»
2. Amaury Sport Organisation, propriétaire entre autres du Tour de France.
3. Voir *Tempêtes sur le Tour*, Le Rocher, 2008, chap. VI.
4. *L.A. Confidentiel, op. cit.*, p. 109-110.

l'hormone gonadotrophine chorionique (bêta-hCG), recherchée dans les contrôles antidopage en raison de l'augmentation qu'elle produit de la testostérone, n'ait pas été détectée lors des dix contrôles subis par le Texan lors de la saison 1996, soit avant la déclaration de son cancer en octobre ? À cette question, la seule réaction officielle viendra d'Anne-Laure Masson, alors coordinatrice médicale de l'UCI : « Je suis perplexe car si le niveau d'hCG était aussi élevé, Lance Armstrong aurait dû être en principe positif. Pour le moment, c'est inexplicable [1]. » Et ça l'est resté.

Mais plus qu'un malaise, c'est la connivence de l'UCI avec Lance Armstrong qui pose problème. À six reprises, de 1999 à 2008, l'instance suprême du cyclisme a outrepassé son rôle en entretenant des rapports « protectionnistes » contraires au principe de l'équité sportive, et qui remettent en cause son impartialité.

• Le premier point, on l'a vu, est d'avoir violé l'article 43 de son propre règlement antidopage en acceptant un justificatif antidaté pour légitimer la prise de corticoïdes de l'Américain sur le Tour 1999. Cet article 43 stipule que tout coureur qui ne mentionne pas de conditions particulières dans le procès-verbal d'analyse le jour du contrôle sera sanctionné. Au lieu de quoi Lance Armstrong fut blanchi.

• Au cours de l'instruction menée par le juge Château, après la découverte de déchets médicaux jetés dans une poubelle par deux membres de l'US Postal au cours du Tour de France 2000, l'UCI fait le forcing pour que la justice française ne mette pas la main sur les échantillons d'urine de l'équipe américaine congelés au laboratoire de Châtenay-Malabry. Le 9 octobre 2000, l'UCI annonce son intention de récupérer

---

1. *Le Monde*, 11 janvier 1997.

ces échantillons pour les détruire. Le ministère des Sports français s'y oppose et l'UCI convient alors de réclamer ces échantillons pour les remettre elle-même aux autorités françaises. Avant d'opérer un demi-tour brutal : le 24 novembre, Hein Verbruggen, alors président de l'UCI, écrit au ministère des Sports : « Le contrôle antidopage est terminé. Ces échantillons n'ont plus de valeur et en ce qui nous concerne, il faut les détruire. » Le juge Château devra intervenir en force et, par une commission rogatoire, fera saisir les 91 échantillons. Leur examen, auquel ont procédé deux scientifiques de renom, Gilbert Pépin et Michel Audran, ne donnera rien. Ou plutôt un rien troublant : « Les urines étaient claires, trop claires [1] », expliquera après coup le Pr Audran. Qui avancera alors une hypothèse : « Si Lance Armstrong était assez malin pour falsifier ses urines, son cancer aurait pu dès lors passer inaperçu… »

• À la suite de l'enquête parue le 23 août 2005 dans *L'Équipe*, qui démontrait l'usage d'EPO à six reprises par Lance Armstrong lors du Tour 1999, le président de l'UCI Hein Verbruggen se dit indigné. Non par le fait que le coureur ait eu recours à l'EPO, mais en raison de la divulgation de cette information. Non pour savoir si c'était vrai ou faux, mais pour savoir comment cette enquête avait pu aboutir. Mandaté par l'Agence mondiale antidopage pour ouvrir à son tour une enquête sur cette affaire, Hein Verbruggen s'y opposa deux fois par courrier, avant d'être contraint de confier finalement cette tâche… à un vieil ami, un avocat néerlandais, qui n'entendait rien aux questions de dopage : Emile Vrijman. Et, en vieil ami, Emile Vrijman remit son rapport de 132 pages le 31 mai 2006. Le type même de conclusions que Hein Verbruggen voulait lire : en vrac, accusations d'incompétence

---

1. *L.A. Confidentiel, op. cit.*, p. 247.

du laboratoire français et de l'Agence mondiale antidopage, et protestations véhémentes sur la possibilité de réalisation d'une telle enquête. En revanche, pas un début d'argument sur sa véracité, mais plutôt une opinion qui ne reposa que sur l'auteur du rapport : « Il est complètement irresponsable pour quiconque est impliqué dans la lutte antidopage de seulement suggérer que ces résultats d'analyses prouvent quoi que ce soit », avait écrit sans rire Emile Vrijman.

Son rapport fut décrié par de multiples voix ou institutions, qualifié même de « grotesque », de « manque d'objectivité » et d'« irresponsable » par l'Agence mondiale antidopage. Mais aussi par un scientifique de l'UCI même ! En janvier 2009, l'Australien Robin Parisotto, le père de la méthode de détection sanguine de l'EPO, tourna le rapport Vrijman en ridicule : « Du point de vue scientifique, le résultat est valide », certifia le chercheur sur le site de la chaîne allemande ARD. « Scientifiquement, il y a la preuve qu'il [Lance Armstrong] s'est dopé en 1999 et qu'il a pris de l'EPO. » Une déclaration un brin contrariante pour l'UCI puisque Robin Parisotto fait partie du pool scientifique chargé de mettre en place son passeport sanguin...

• La connivence entre l'UCI et Lance Armstrong se traduisit également lors de diverses transactions financières, de nature à créer un profond embarras sur l'intégrité de l'institution sportive. Le 30 novembre 2005, au cours de sa déposition effectuée dans le cadre du litige l'opposant à SCA Promotions, le coureur texan fut questionné sur ce point par l'avocat Jeff Tillotson. Extraits :

JEFF TILLOTSON. Avez-vous versé une contribution ou non à l'UCI ?
LANCE ARMSTRONG. Oui, je l'ai fait.

J.T. Savez-vous quand?

L.A. Il y a quelques années. Je ne me souviens plus précisément quand.

J.T. En 2000, par exemple?

L.A. Je ne sais pas.

J.T. Vous souvenez-vous pour quel motif? Pour telle ou telle raison?

L.A. Je le fais pour combattre le dopage.

J.T. Et qu'est-ce qui a motivé ce geste? Y avait-il eu un événement particulier?

L.A. L'occasion, ou du moins l'idée, c'est que je suis un partisan de ce combat, comme je l'ai montré en d'autres occasions.

J.T. Pourquoi l'UCI? Pourquoi donner de l'argent à l'UCI?

L.A. Parce que c'est l'organisme qui gère notre sport.

J.T. D'accord. Combien aviez-vous donné?

L.A. 25 000 [dollars], je crois.

J.T. Vous croyez? Vous…

L.A. J'ai dit je crois, parce que je n'en suis pas sûr à 100 %.

J.T. Est-ce que ça serait dans une telle fourchette, ou, je veux dire, ça ne serait pas plutôt…

L.A. Ça ne serait pas dans les…

J.T. 200 000 (dollars)?

L.A. Non.

J.T. Ou 150 000?

L.A. Non.

J.T. Ça pourrait être 30 ou 40 comme 20, voilà ce que je vous demande.

L.A. Ça pourrait. Je ne pense pas que ce soit ça. Mais je pense que ce n'est pas plus de 30.

J.T. Était-ce par chèque?

L.A. Je ne m'en souviens pas.

J.T. Aviez-vous averti l'UCI avant de faire ce geste?

L.A. Je ne m'en souviens pas. Je ne crois pas, non. Je ne sais pas.

J.T. Vous avez donné 25 000 dollars, ou dans ces eaux-là, et vous ne vous souvenez pas si vous les aviez prévenus que vous alliez envoyer ce chèque?

L.A. Je ne m'en souviens pas.

J.T. Aviez-vous déjà versé de l'argent à l'UCI auparavant?

L.A. Non.

J.T. Ne lui en avez-vous pas donné depuis?

L.A. J'ai fait une promesse de don mais je ne crois pas l'avoir encore fait.

J.T. Quand avez-vous fait cette promesse?

L.A. Je ne me le rappelle pas exactement. Entre aujourd'hui et cette époque-là. Je crois en ce combat et je pourrais encore verser des dons.

J.T. Savez-vous l'usage qu'en a fait l'UCI?

L.A. Je n'en sais rien.

J.T. À qui avez-vous adressé cet argent?

L.A. Si vous faites un chèque ou un virement, je ne sais pas qui l'a reçu.

J.T. Donc, un jour, un type de l'UCI débarque, ouvre le courrier, et il y trouve un chèque de votre part de 25 000 dollars?

L.A. Je ne sais pas. Je n'étais pas là quand le courrier a été ouvert.

J.T. D'accord. Mais aviez-vous prévenu quelqu'un de l'envoi de ce chèque?

L.A. Je vous l'ai dit, je ne m'en souviens pas.

J.T. OK. Avez-vous parlé de ce don à quelqu'un de l'UCI?

L.A. Oui.

J.T. À qui?

L.A. J'en ai parlé à Alain Rumpf [manager de l'UCI Pro Tour], à Hein Verbruggen, à d'autres peut-être.

J.T. Savez-vous ce qu'ils en ont fait?

L.A. Je viens de vous le dire, je ne sais pas.

J.T. OK. N'ont-ils pas acheté un équipement particulier ou quelque chose que vous connaissiez? Ce n'était pas destiné à un projet quelconque?

L.A. Quel est le mot dans «je ne sais pas» que vous ne comprenez pas?

J.T. Donc vous n'avez aucune idée de la raison pour laquelle vous avez donné 25 000 dollars? Pas plus que vous ne savez si vous aviez prévenu quelqu'un avant cet envoi?

L.A. Je ne sais pas.

J.T. Laissez-moi finir la question. Vous ignorez qui vous avez appelé, vous avez juste envoyé un chèque de 25 000 dollars à l'UCI. Vous ne vous souvenez plus pourquoi vous l'avez fait, avec qui vous avez parlé à ce sujet, et à quoi cet argent était destiné?

L.A. Vous me demandez à nouveau ce qu'ils ont fait de cet argent, et j'ai déjà dit que je ne le sais pas.

• En 2006, un journaliste danois révéla que Lance Armstrong, alors coureur en activité, ne versa pas 25 000 dollars, mais 100 000 dollars à l'UCI. Une enquête que ni l'intéressé ni l'UCI ne démentirent. Sur ce point, l'actuel président de l'UCI, l'Irlandais Pat McQuaid, fit l'étonné. On voyait le mal partout[1]…

---

1. Dans *Tempêtes sur le Tour, op. cit.*, p. 194, Pat McQuaid fait l'autruche: «Oui, il nous a aidés. Ça vous pose un problème éthique? Pas à moi. Il faudrait

• Dans le même ordre d'idées, la déclaration déposée sous serment de Kathy LeMond, l'épouse de Greg LeMond, prend un tout autre sens que celui de l'accusation fantaisiste. Auditionnée le 20 octobre 2005 sur le rôle joué par l'UCI en faveur de Lance Armstrong dans le cadre du procès SCA Promotions contre Tailwind Sports, elle rapporta une information qu'elle tenait d'un membre de l'encadrement de l'équipe US Postal : « L'UCI avait été payée 500 000 dollars pour fermer les yeux sur le contrôle positif de Lance Armstrong en 1999 [1]. » Une version contestée par l'informateur (le mécanicien Julien De Vriese) dans un courrier initié par les avocats d'Armstrong (et non par l'intéressé), mais confirmée par son époux Greg qui dit avoir recueilli la même information par la même source (son ancien mécanicien, avant de devenir celui de Lance Armstrong) en juillet 2000.

• Plus récemment enfin, le 8 octobre 2008. L'UCI contrevient à nouveau à son propre règlement antidopage en autorisant Lance Armstrong à participer au Tour Down Under (20-25 janvier 2009), une épreuve à étapes australienne qui ouvre le nouveau calendrier Pro Tour de l'UCI et la nouvelle carrière de l'Américain. L'article 77 de ce règlement indique

---

être sacrément cynique pour croire qu'on pourrait couvrir un coureur en échange. »

1. Interrogée par Michael Lynn, un avocat de SCA Promotions, en marge de la procédure d'arbitrage, Kathy LeMond expliqua en substance : « Il [Julien De Vriese] nous a parlé [à elle et son époux Greg] d'un versement de 500 000 dollars versés à l'UCI pour couvrir un contrôle positif de Lance Armstrong en 1999. [...] Il nous a dit que l'argent provenait de Nike et de Thom Weisel. [...] Julien nous a dit qu'il pensait que l'argent avait été viré sur un compte d'une banque suisse au bénéfice de Hein Verbruggen, le président de l'UCI. »

en effet que tout coureur retraité peut revenir à la compétition à la condition de respecter un délai probatoire de six mois au cours desquels il est soumis à des contrôles hors compétition pour établir son profil médical, au niveau analogue des autres coureurs en activité. Comme Armstrong avait officiellement déposé sa demande le 1er août 2008, il n'aurait dû être autorisé à courir que le 1er février. Pour justifier l'entorse à son code de conduite, l'UCI fit savoir qu'elle avait réalisé «une évaluation rigoureuse de la situation». L'UCI aurait même pu s'en passer : qui peut sérieusement lui chercher noise ?

Ainsi s'est constitué l'autre «palmarès» de Lance Armstrong. Des titres, des victoires, un record, un charisme, une légende côté pile ; des preuves, des évidences, des témoignages, des convictions intimes d'enquêteurs, de juges, de médecins, de cancérologues, de sommités scientifiques, de coureurs, de (certains) médias, entre autres, pour le côté face. Une face cachée de plus en plus visible. De plus en plus embarrassante.

On en serait resté là mais, le 9 septembre 2008, Lance Armstrong a annoncé publiquement son retour à la compétition. On en serait resté là, mais d'autres événements sont venus assombrir le tableau. Et, à travers lui, l'avenir du sport cycliste.

CHAPITRE 2

Retour de manivelle

« L'appât du gain à court terme a supplanté
la prospérité à long terme. »
Barack Obama, le 24 février 2009,
lors de son premier discours programme
devant le Congrès.

L'événement marquant de la saison cycliste 2008 n'est pas une victoire, un exploit, voire plus cyniquement l'exclusion de l'Italien Riccardo Ricco du Tour de France, mais un entretien paru le 9 septembre dans le magazine glamour américain *Vanity Fair*, qui est au sport ce que *L'Équipe* est à la philatélie. Le site Internet américain velonews.com avait au préalable vendu la mèche mais, dans les cinq pages qui lui sont consacrées, Lance Armstrong annonce officiellement son retour à la compétition cycliste, qu'il confirme le même jour dans un message de 45 secondes sur son site Internet. Et les intentions sont claires : « J'ai décidé de revenir au cyclisme professionnel... Je vais essayer de gagner un huitième Tour. » Et il n'a pas le moindre doute : « [Je suis] certain à 100 % de disputer le Tour de France en 2009. »

Cette certitude est annoncée exactement entre deux décisions moins spectaculaires, mais dont le rapprochement est inévitable : trois semaines plus tôt, le 18 août, ASO annonçait un « accord de paix » avec l'UCI après cinq ans de conflits violents ; et trois semaines plus tard, le 1er octobre, Patrice Clerc, connu pour mener une politique antidopage de nature à restaurer la crédibilité sportive du Tour de France, était officiellement débarqué de son poste de P-DG d'ASO.

Sur fond d'éthique, et surtout de business, qui réduisit la planète vélo à une folie de traders, l'armistice qui fut signé le 18 août se révéla autant un soulagement qu'une surprise. Rien ni personne ne laissait entendre en effet que les deux anciens frères ennemis allaient s'embrasser sur la bouche cinq mois après une ultime passe d'armes sanglante, à la veille de la course Paris-Nice.

Il faut se rappeler les communiqués vengeurs, les déclarations scandalisées, les courriers d'insultes, les menaces, les injonctions au tribunal, que se sont échangés les deux instances jusqu'en mars 2008[1], alors que l'UCI tentait d'imposer depuis quatre ans son projet de Pro Tour qu'ASO rejetait en bloc pour préserver ses intérêts. Ce vaste circuit international reposait sur trois principes : création à terme d'une ligue fermée, à la manière des grands sports américains, gestion des droits commerciaux des épreuves et participation d'équipes sélectionnées par un ticket payant (75 000 euros annuels), appelé licence, comme ce que le Britannique Bernie Ecclestone parvint à imposer à la Fédération internationale automobile et aux Grands Prix de F1.

En mars 2008, à quelques jours du départ de la course française Paris-Nice, autre propriété d'ASO qui venait d'en récuser l'équipe kazakhe Astana (celle de Lance Armstrong désormais), en raison de son sulfureux passif, les habituels

---

1. Voir *Tempêtes sur le Tour, op. cit.,* p. 159-220.

partenaires de la famille cycliste avaient finalement choisi leur camp. Fédération française, fédérations européennes majeures, organisateurs, managers d'équipes, syndicats de coureurs se rallièrent à la position de l'organisateur parisien en dépit de menaces d'exclusions, de radiations et de sanctions proférées par l'UCI. Un véritable camouflet pour l'autorité suprême, totalement discréditée. L'épreuve internationale était placée sous la responsabilité de la fédération française, appuyée ouvertement par son ministère de tutelle. Le lobbying d'une société privée avait eu raison du lobbying d'une fédération internationale. À bout d'arguments et de soldats, l'UCI jeta l'éponge. Même le Néerlandais Hein Verbruggen, vice-président de l'UCI, porteur du projet Pro Tour, et véritable homme-orchestre de la fédération internationale, dut reconnaître sa défaite. « Nous avons perdu la guerre [...] ASO a eu la peau de l'UCI », avouait-il le 29 mars dans les colonnes de *Libération*.

Le chef de guerre néerlandais avait même eu la dent dure ce jour-là, en vilipendant l'action d'ASO, du ministre Bernard Laporte et même de Nicolas Sarkozy[1]. Trois mois plus tard, en plein Tour de France, la majorité des 18 équipes du Pro Tour lâchaient l'UCI en décidant de ne pas renouveler le bail de leurs licences. Dès lors, la scission était consommée, la hache de guerre enterrée. L'UCI avait capitulé, ASO avait préservé son Tour et les 35 millions d'euros de bénéfices qui en résultaient, et chacun irait organiser son calendrier

---

1. Cité par l'agence Reuters, Hein Verbruggen déclara : « Avec l'aide du ministre français des Sports, Bernard Laporte, et du président de la République, Nicolas Sarkozy, ASO est devenue une fédération concurrentielle... Je ne pense pas que ce soit une bonne chose pour le cyclisme qu'il y ait deux fédérations internationales. Cela a été rendu possible par le gouvernement français qui a une lourde responsabilité. »

parallèle : ASO, autour des épreuves séculaires du cyclisme, disséminées principalement en Europe ; l'UCI sur le front de terres émergentes au cyclisme (Chine, Russie, Kazakhstan notamment). En mai 2008, au terme d'innombrables tours de table entre les divers partenaires soucieux d'en finir, la ligne de conduite était tracée. Deux mois plus tard, tout était remis en cause. Par quel tour de passe-passe ?

Mot de passe : KRZ

Pour comprendre le revirement qui poussa ASO et l'UCI, non seulement à se rabibocher, mais à travailler main dans la main en si peu de temps, il est nécessaire de remonter le temps. L'étonnant enchaînement de circonstances remonte au printemps 2006. Le 23 mai de cette année-là, Philippe Amaury décède des suites d'un cancer. Le patron du groupe éponyme, propriétaire entre autres d'ASO, de *L'Équipe* et du *Parisien Aujourd'hui*, laisse le témoin à son épouse Marie-Odile qui, à 65 ans, se retrouve propulsée à la tête d'un grand groupe de presse et d'édition. Un changement de cap va alors graduellement s'opérer.

Beaucoup de ceux qui ont côtoyé Philippe Amaury le racontent : Le fils d'Émilien, fondateur du *Parisien*, était un homme de dossiers, ombrageux, discret, distant, mais à poigne, qui tenait fermement les rênes de son empire et se méfiait des courtisans. « Il savait les tenir à distance », admet un proche. À son décès, Marie-Odile Amaury reprend les commandes. Plusieurs témoins [1] évoqueront alors l'environnement de

---

1. Pour des raisons de confidentialité, ces personnes ont préféré garder l'anonymat.

cette succession. «D'un seul coup, elle s'est retrouvée capitaine d'industrie, commence l'un, et n'était pas spécialement bien entourée ni préparée pour diriger une telle entreprise.» Sa garde rapprochée était jusqu'alors pilotée par Philippe Amaury. «Certains ont vu leur intérêt immédiat, d'autres ont subi les événements.»

Dans les mois qui suivent, Marie-Odile Amaury évoque à plusieurs reprises devant ses proches collaborateurs son souhait de passer la main. «Elle parlait de régence, d'abandonner progressivement les rênes à ses deux enfants [1].» Une situation qui convenait aux managers des cinq filiales du groupe: ASO, *L'Équipe*, *Le Parisien*, Manchette (la régie publicitaire intégrée) et l'imprimerie [2]. Un comité stratégique se met en place autour des managers et de Martin Desprez, directeur général du groupe, pour assurer un lien avec les actionnaires et réfléchir à la mutation nécessaire du groupe de presse, avec l'arrivée du multimédia notamment. «Jean-Pierre Courcol avait essayé de s'y employer en son temps, mais maladroitement, reprend un témoin. De toute manière, Philippe Amaury y voyait de l'ingérence.»

C'est alors qu'un ancien personnage du groupe réapparaît progressivement sur le devant de la scène: Alain Krzentowski.

L'homme, surnommé «KRZ», n'est pas un inconnu dans la grande maison. Il avait été le bras droit de Jean-Claude Killy du temps où l'ancien triple médaillé olympique des Jeux de Grenoble (1968) était à la tête d'ASO. En 1999, le binôme

---

1. Jean-Étienne, nommé P-DG d'ASO en octobre 2008, et Aurore, administratrice du groupe.
2. Début 2008, un seul des cinq managers de l'époque est encore en place.

est alors remercié par Philippe Amaury, officiellement pour
« désaccord stratégique ». « En fait, ils voulaient réformer
brutalement le groupe et Philippe Amaury a pris ça pour
une prise de pouvoir, raconte un témoin. Compte tenu de
l'aura de Jean-Claude Killy, ils se croyaient probablement
incontournables. »

Au binôme en succéda un autre… Patrice Clerc et Gilbert
Ysern, issus du Tournoi de Roland-Garros. KRZ va alors
travailler pour Claude Berda, propriétaire d'AB Groupe, qui
possède une vingtaine de chaînes de télévision en France
et en Belgique, puis remplace l'emblématique Jean-Claude
Darmon à la tête de Sportfive, le leader européen des droits
marketing et audiovisuels sportifs, en juillet 2004. Mais,
en mars 2007, Sportfive est racheté par Arnaud Lagardère,
qui se sépare alors de KRZ et nomme à sa place deux anciens
présidents d'équipes de football, Francis Graille (PSG) et
Christophe Bouchet (OM).

« Alors, on l'a vu peu à peu revenir dans le circuit », reprend
un témoin. KRZ effectue un rapprochement en douceur. Il
rejoint souvent Marie-Odile Amaury sur le parcours de golf
de Lys-Chantilly, à Lamorlaye (Oise), puis participe à des
petits déjeuners-réunions des administrateurs du groupe.
En janvier 2007, KRZ se fait inviter par France Pub, un club
fermé de publicitaires présidé par Louis Gilet, le patron de
Manchette, pour aller jouer au golf sur une île exotique.
« C'était effarant, se souvient un témoin. Il ne lâchait pas
Mme Amaury d'une semelle. Toujours assis près d'elle, du
petit déjeuner au dîner, dans la voiturette, sur le green…
Il l'entreprenait de manière envahissante. » « Le pouvoir de
persuasion et de séduction de KRZ a fonctionné », ajoute un
autre témoin. Un prédateur, Krzentowski ? « KRZ a bien joué
le coup, estime une autre voix. Il est arrivé à un moment où

Marie-Odile Amaury était seule, fragilisée. Dans le monde des affaires, on ne peut pas le lui reprocher.» «Jamais Philippe Amaury n'aurait accepté ça, enchaîne un autre observateur. Il avait mis fin aux contrats de KRZ et de Killy parce qu'ils souhaitaient créer des filiales d'ASO dans lesquelles ils auraient eu 30 %.»

Mais Marie-Odile Amaury ne semble pas s'en plaindre. À l'automne 2007, elle fait savoir qu'elle nomme Alain Krzentowski administrateur du groupe. Dans quel but ? Faire «du Sportfive», c'est-à-dire de l'intermédiation de droits sur des événements sportifs à l'étranger. «Il l'a convaincue qu'il y avait beaucoup d'argent à faire dans cet aspect du sport, reprend un témoin. Pour ce faire, il fallait créer une filiale internationale chez ASO.»

En novembre 2007, lors d'une réunion du Comité de direction du groupe, qui se tient tous les quinze jours ou trois semaines, en présence des managers des cinq filiales, de Martin Desprez, de Marie-Odile Amaury et de sa fille Aurore, KRZ présente ses projets. Pour commencer, vendre des packages de relations publiques sur la Coupe du monde de football 2010. Et il se dit certain d'obtenir du CIO les droits pour la France et d'en faire de même dès les Jeux olympiques d'hiver de Sotchi (Russie) en 2014. Les choses étaient ainsi présentées : la régie vendrait les packages ; à ASO de les mettre en place pour le compte d'Amaury International. ASO deviendrait alors un simple prestataire, une structure qui représenterait les ressources et la main-d'œuvre d'Amaury International. Il y avait conflit d'intérêts entre deux filiales d'un même groupe ! Et en premier lieu avec Patrice Clerc.

ASO partenaire du CIO

Deux événements allaient alors accélérer le cours des choses :

• D'abord en janvier 2008, avec l'annulation de l'édition du Paris-Dakar, l'autre épreuve phare d'ASO, en raison de menaces terroristes. Patrice Clerc est à l'époque au four et au moulin pour sauver l'un des actifs du groupe Amaury, d'une valeur d'une trentaine de millions d'euros. Clerc et ses collaborateurs doivent faire vite pour que la « bête » ne soit pas dépecée ou supplantée par une épreuve analogue mise sur pied par la concurrence, et rassurer les actionnaires sur la tenue de l'édition 2009, qui finalement aura lieu au Chili et en Argentine.

• Ensuite, l'épreuve de force qui fait rage entre l'UCI et ASO, avec l'imminence du Paris-Nice, évoquée plus haut. De janvier à juillet 2008, les responsables d'ASO ont donc « la tête dans le seau », selon l'expression d'un des employés, avec « deux chantiers pas faciles ». Pendant ce temps, KRZ a le champ libre pour achever de convaincre Marie-Odile Amaury de changer son fusil d'épaule.

Le marché est simple : pour mener à bien une politique de développement portée sur les événements sportifs internationaux, il est fortement recommandé de se rapprocher du Comité international olympique, dont Jean-Claude Killy est l'un des membres influents. Voilà qui tombe bien : Killy et Krzentowski se connaissent de longue date, depuis leur collaboration à la tête d'ASO de 1993 à 1999. Mais, pour montrer patte blanche au CIO et entreprendre ensemble, il devient évident qu'il faut faire ami-ami avec l'UCI, son antenne cycliste. ASO ne pouvait se permettre d'être en opposition avec l'UCI dans la perspective d'intégrer et obtenir des appels d'offres lancés par la grande famille olympique. Ni, de fait, continuer à se frictionner avec Hein Verbruggen, l'ancien président de l'UCI, devenu pour bon nombre d'observateurs le numéro 2 du CIO derrière son président Jacques Rogge : celui qui a œuvré pour que les JO de 2008 se disputent à Pékin ; pour que ceux d'hiver en 2014 se déroulent à Sotchi, chez son grand ami Vladimir Poutine. Comme l'expliquait Jean Pitallier, l'ancien président de la Fédération française de cyclisme qui a eu souvent maille à partir avec le Néerlandais, « Hein Verbruggen se vantait souvent d'avoir le contrôle des votants de cinquante-cinq pays dans sa poche [1] ».

Mais pour qu'une telle opération soit un succès, il y a un dernier détail à régler : se débarrasser de Patrice Clerc, l'ennemi juré de Hein Verbruggen. « Si Mme Amaury a tourné casaque brutalement, sans nuance, le seul scénario crédible, c'est KRZ et ses perspectives de développement *via* le mouvement olympique, ajoute un observateur. Seulement, il y avait un problème à l'entrée du CIO : le combat Clerc-Verbruggen. » En clair, il fallait se débarrasser du premier.

Pour fermer la boucle, Hein Verbruggen et Jean-Claude Killy, tous deux membres du CIO, ont des visions communes concernant le marketing sportif, des fonctions communes au sein du CIO – coordinateur des Jeux d'hiver pour Killy, des Jeux d'été pour Verbruggen – et une connaissance commune du dossier du Tour de France. « Lorsque Hein Verbruggen a compris en mars 2008 qu'il avait perdu la partie avec ASO, il a alors activé son réseau CIO », explique un acteur du dossier.

En juillet 2008, Jean-Claude Killy intercède pour faire se

---

1. Voir *Tempêtes sur le Tour, op. cit.*, p. 192.

rencontrer Marie-Odile Amaury, Martin Desprez et Jacques Rogge. Le pont est jeté entre le CIO, l'UCI et ASO. Le sort de Patrice Clerc également.

Le toujours président d'ASO est totalement écarté des négociations. Tout lui passe au-dessus de la tête, laquelle tête est désormais prête à tomber. D'autant que les perspectives de collaboration mutuelle vont dans les intérêts de tous. ASO se voit proposer d'être l'opérateur des droits (de télévision principalement) des nouvelles épreuves cyclistes du calendrier Pro Tour, les Tours de Chine et de Russie notamment ; mais aussi la gestion des droits français des Jeux olympiques d'hiver de Sotchi en 2014, dont Jean-Claude Killy est le coordinateur CIO. Et enfin, celle des dossiers des prochaines villes candidates à l'organisation de Jeux olympiques, à raison d'un à deux millions d'euros pièce.

Que reçoivent l'UCI et Hein Verbruggen en échange ? Le soutien d'ASO dans les épreuves du Pro Tour que l'organisateur parisien avait jusque-là décriées, sa réorientation de politique sportive et, plus sournoisement, son introduction dans la société *via* la création d'une filiale, Amaury International, dont KRZ est nommé l'administrateur. « Le ver est dans le fruit », commentera un observateur. Allez savoir après ça si le retour de Lance Armstrong n'était pas un élément du « package » ?

À la mi-juillet, au retour de son entrevue avec Jacques Rogge, Marie-Odile Amaury n'a dès lors plus qu'une idée en tête : mettre fin dès que possible au conflit avec l'UCI et rencontrer Hein Verbruggen. Sentant le vent venir, Patrice Clerc aurait tenté de lui faire repousser cette entrevue après les JO de Pékin car, après avoir obtenu préalablement les accords des équipes, des organisateurs comme des coureurs,

ASO a prévu de finaliser en août la convention de son plan de relance avec les fédérations européennes. Un dernier clou à enfoncer, mais Mme Amaury y tient, même si Hein Verbruggen, coordinateur des JO de Pékin qui débutent le 8 août, a d'autres chats à fouetter. « Au moment où ASO allait gagner la guerre, tout a été réduit à néant », confie un acteur du dossier. Car un rendez-vous est finalement calé dans la troisième semaine de juillet. Et, à la fin de ce mois, Mme Amaury annonce à ses proches collaborateurs qu'un accord « de paix » a été signé avec l'UCI. Un accord qui sera officialisé le 18 août, même si l'UCI, trop heureuse de cette signature, brise l'embargo de diffusion la veille. Qu'importe, le communiqué se félicite de cette réconciliation et remercie Jean-Claude Killy de son aide précieuse.

ASO, et à travers lui le groupe Amaury, va donc surfer sur les anneaux olympiques et les bénéfices colossaux qui s'en dégagent. Où est le problème ? Pour certains acteurs de la société, il est de deux ordres : « Il existait déjà un pôle développement chez ASO, nous explique-t-on. Cette nouvelle filiale le dépouille de ses dossiers en cours. Il y a une reprise en main. » Et alors ? « Alors, KRZ va être tenté de ramener le plus de business possible dans Amaury International plutôt que dans les filiales où il n'a pas de part. Il va essayer de n'y loger que des activités rentables. » Parce qu'il n'est pas seulement administrateur ? « C'est là son plus grand tour de force : avoir "gouroutisé" Mme Amaury au point qu'elle lui a cédé une part de capital. De l'ordre de 20 %. »

Clerc et net

L'autre inquiétude réside dans l'avenir du Tour de France. «Certes, s'inviter dans le partage financier des grandes manifestations sportives planétaires est un fantasme assouvi, nous détaille un autre observateur. Et quand l'acquisition d'un grand départ du Tour ne sera plus de l'ordre de deux millions d'euros, mais de cinq, Marie-Odile Amaury sera satisfaite, quand bien même KRZ profitera lui aussi de cette probable surenchère. Mais qu'en est-il de l'indépendance du Tour?» s'interroge-t-il. La question peut effectivement se poser : que vont en faire KRZ et son ami Verbruggen? La force du groupe Amaury est d'avoir des événements sportifs d'envergure. Mais remettre le Tour entre les mains de Hein Verbruggen, c'est prendre le risque qu'il devienne un événement parmi d'autres pour satisfaire sa politique d'expansion du business. Qu'est-ce qui empêchera l'épreuve d'être réduite à quinze jours, de supprimer les pavés, d'atténuer son aura, au nom d'une association lucrative de part et d'autre? L'exemple du Tour de Sotchi (Russie), qui devait entrer en concurrence avec le Tour d'Espagne en septembre 2009 avant d'être reporté à 2010 pour des raisons financières, donne un aperçu de ce qui pourrait advenir au Tour de France. À terme, il pourrait rejoindre dans les souvenirs ce que le légendaire rallye de Monte Carlo représente désormais, relégué en deuxième division du circuit mondial. «Le Tour risque de perdre son indépendance, donc de sa valeur, reprend notre interlocuteur. Et je ne parle pas là de sa valeur patrimoniale», celle qu'on associe naturellement à l'épreuve séculaire qui rassemble une douzaine de millions de spectateurs sur ses routes. L'analogie avec l'actualité de la saison de F1 et l'emprise de Bernie Ecclestone sont naturellement évoquées par nos interlocuteurs. « La stratégie de Hein Verbruggen, c'est celle de Bernie Ecclestone : vendre la F1 aux plus offrants, redessiner le calendrier, aller n'importe où où il y a de l'argent aux dépens de l'histoire, en Malaisie, à Bahreïn, à Singapour, à Abou Dhabi… »

Mais peut-on blâmer Mme Amaury d'avoir cédé aux chants des sirènes ? « Non, répondent certains de nos interlocuteurs. Après tout, c'est la patronne, elle fait ce qu'elle veut. Mais c'est une vision à court terme, sans discernement, qui privilégie des profits immédiats au détriment d'une valeur foncière. Et ça, c'est signer à terme la mort du Tour. »

À propos de signature, ASO passe aux actes. En octobre 2008, Amaury International est créé et Alain Krzentowski en est l'administrateur. Cette toute nouvelle filiale s'associe financièrement avec Helios Partners, une société américaine de marketing sportif d'une quarantaine d'employés disséminés sur trois sites (Atlanta, Londres et Pékin), et dont le puissant lobbying la fait notamment travailler avec les instances du CIO. Helios Partners gère de nombreux dossiers de candidatures de villes ou de pays pour l'obtention des Jeux olympiques, mais aussi de la Coupe du monde de football et de diverses manifestations, tout en jouant les interfaces de partenariat entre des multinationales et les événements sportifs. Helios Partners est véritablement opérationnel depuis 2000. La société a conseillé les dirigeants chinois pour les JO de Pékin et leurs projets de travail s'étendent jusqu'en… 2030 si l'on en croit son président Terrence Burns, qui précise que sa société s'appelle désormais Helios-Amaury Partners.

Il est temps pour Patrice Clerc et Gilbert Ysern, son directeur général, de faire leurs cartons. Aux yeux du groupe Amaury,

Patrice Clerc, l'homme par qui le conflit est arrivé, ne pouvait pas être celui du consensus. Le 1er octobre, il est officiellement révoqué de son poste de président-directeur général, tout comme son bras droit Gilbert Ysern, directeur général délégué. Clerc est remplacé par Jean-Étienne Amaury, 32 ans, le fils de Marie-Odile Amaury, tandis que Yann Le Moenner, jusqu'alors chargé du département marketing, médias et juridique d'ASO, et connu pour être le « fils spirituel » de KRZ, est nommé directeur général.

Mais les cocus de l'histoire ne sont pas seulement une petite équipe dirigeante, qui avait toujours agi avec l'aval des actionnaires du groupe. Du jour au lendemain, il apparaît qu'ASO a signé un accord bipartite et confidentiel avec l'UCI, en lâchant au milieu du gué tous les gens ralliés à sa cause (équipes, coureurs, sponsors, organisateurs, fédérations, ministère de la Jeunesse et des Sports, Comité national olympique et sportif français). Un sentiment de trahison générale s'est alors fait entendre à mots couverts. Bernard Laporte, secrétaire d'État aux Sports, nous a diplomatiquement fait part de sa « déception » de ne pas avoir été tenu au courant des tractations pendant l'été 2008.

Son entourage prend moins de gants : « On a été mis devant le fait accompli trois heures avant la diffusion du communiqué », reconnaît un membre de son cabinet. La confiance serait difficile à rétablir si d'aventure les nouveaux choix définis tournaient mal. « L'ex-équipe dirigeante d'ASO avait mobilisé beaucoup de monde, raconte un autre acteur du dossier. Elle avait été suivie, ce qui est presque un comble : une boîte privée avait fait monter au créneau un ministère et le CNOSF contre une fédération internationale. C'est antinomique. Les valeurs étaient là où on ne les attendait pas. Alors, ceux-là ne vont pas se mouiller une deuxième fois en cas d'un nouveau problème. Quant à la famille du vélo, c'est-à-dire les équipes, les coureurs, les organisateurs, elle risque elle aussi de ne plus soutenir ASO si un nouveau bras de fer survient. »

Cinq mois après sa « déception », Bernard Laporte avait fait connaissance avec la nouvelle équipe d'ASO au cours d'un déjeuner au ministère, le 26 janvier 2009. Mme Amaury était pour l'occasion accompagnée de son fils Jean-Étienne et de Yann Le Moenner. Mais pas d'Alain Krzentowski. « C'était une prise de contact pour se présenter, raconte un membre de l'entourage ministériel. C'était l'occasion pour eux d'évoquer les grandes lignes de leur nouvelle stratégie, et au ministre de redire sa "déception". En revanche, ils ne sont pas entrés dans le détail concernant le CIO. »

Et encore moins de la réapparition de Lance Armstrong sur le devant de la scène.

L'esbroufe nommée Catlin

Quatre mois plus tôt, le coureur américain avait pourtant défrayé la chronique en s'invitant sur « leur » Tour. Dans une actualité sportive creuse, le Texan entama une vaste campagne de communication. Il occupa la scène, se produisit dans plusieurs villes américaines, et entretint sur trois semaines l'intérêt des médias en disséminant des informations parcellaires ou délibérément tronquées. Un véritable feuilleton. C'était *Plus belle la vie* avec, pour source d'inspiration, ses motivations, ses choix, son état de forme, son équipe, son programme, ses intentions, ses objectifs… Ce qui l'a poussé à sortir de sa retraite, « faire prendre conscience aux gens du fléau qu'est le cancer », ce qui n'a pourtant jamais été le cœur de ses préoccupations du temps où il dominait le Tour de France. C'est néanmoins le message qu'il va tenter de faire passer dans les cœurs français avant de se produire sur le Tour de France. Une opération séduction à grande échelle.

Début janvier 2009, le quotidien *Nice-Matin* avait donné l'info : l'entourage de Lance Armstrong incitait Michel Drucker à consacrer une émission de *Vivement dimanche* au coureur américain. Dans un premier temps, l'animateur-producteur avait décliné la proposition. « Il aurait fallu faire l'émission en mai ou en juin mais, avec Roland-Garros, nous avons peu d'émissions en mai et cela ne colle pas non plus en juin [1] », avait justifié la production. Mais de l'eau coula sous les ponts. Et le 30 janvier, Michel Drucker confirma que la présence de Lance Armstrong pouvait finalement « coller » dans la grille de programmation. « Nous recevrons bien Lance Armstrong mais à une date qui n'a pas été arrêtée. Nous devons tenir compte de son calendrier très chargé [sic] pour trouver une date idéale d'enregistrement pour lui. En tout cas, j'y réfléchis et j'ai déjà commencé à travailler à l'émission [2]. » Formidable.

La première étape du « cancer Tour » de Lance Armstrong a pour cadre l'hôtel Sheraton de Manhattan, à New York, lors de la réunion annuelle de « l'initiative globale Clinton », un forum mené depuis 2005 par l'ancien président des États-Unis. Ce point de départ donne la mesure de ce qu'est Lance Armstrong aux yeux des Américains : plus un survivant du cancer qu'un coureur cycliste. Le parterre est impressionnant : de nombreux patrons d'industrie, des responsables politiques, des

1. Sources : myfreesport.fr.
2. Sources : *Cyclismag*, 30 janvier 2009.

sommités scientifiques et quelques stars comme le chanteur Bono ou Mohammed Ali. L'allocution de Lance Armstrong s'inscrit dans la thématique «santé» du forum avant qu'il ne rejoigne dans une autre salle deux cents journalistes qui boivent ses paroles. Suivront de brefs entretiens individuels à la manière d'un acteur d'Hollywood.

Rebelote à Las Vegas, le 25 septembre, cette fois en marge d'un salon du cycle. Là encore, devant près de deux cents journalistes, il apportera quelques précisions: sur son engagement officiel au sein de l'équipe Astana – que les dirigeants kazakhs démentaient pourtant trois semaines plus tôt –, sur la durée de sa «mission» («ce sera au moins un an, mais ça pourrait être plus»), sur son programme sportif 2009, enfin et surtout sur sa volonté de prendre les devants en matière de probité en chargeant Don Catlin – chercheur connu pour avoir été le fondateur du laboratoire antidopage de Los Angeles – d'un programme antidopage personnalisé avec communication publique de ses résultats. «Je souhaite avoir un niveau de transparence, expliqua-t-il en présence de Don Catlin à la tribune. Je ne veux pas laisser de place au doute. Je ferai ce qu'il demande. C'est son travail. Il fera ce qu'il veut» (comme tests). Plus loin, le Texan annonça que «tout sera public. Tout le monde pourra voir les évolutions de ses données et dire: "Il y a des changements. Que se passe-t-il?"». Et Catlin d'ajouter: «Ses échantillons seront aussi congelés pour être analysés dans plusieurs années s'il le faut.»

La délégation médiatique envoyée sur place accueillit avec gourmandise les propos du tribun et une seule voix sur les deux cents journalistes présents eut l'audace de poser une question de journaliste, lui qui n'en était pas un, quand Lance Armstrong ouvrit la discussion à la salle: il s'agit de Greg

LeMond. À trois reprises, l'ancien triple vainqueur du Tour
(1986, 1989, 1990) tenta de questionner Don Catlin sur la
nature de cette collaboration mais, soit Armstrong lui coupa
la parole, soit Catlin ne répondit pas.

Quatre mois plus tard, en janvier 2009, direction Adélaïde,
où Lance Armstrong s'apprête à effectuer son grand retour
à la compétition après trois ans et demi d'absence. L'épreuve
australienne par étapes, le Tour Down Under, marque
l'ouverture internationale de la saison. L'avant-veille du départ,
le 17 janvier, le coureur américain est aux anges. Selon ses
mots, il vient de faire « la meilleure conférence de presse
de toute [sa] carrière [1] ». Une heure de questions-réponses
ponctuée par des applaudissements. Un doigt s'élève tout
de même pour en savoir un peu plus sur sa collaboration
avec Don Catlin. L'intéressé ne se démonte pas : « J'ai mis
en place avec Don Catlin le programme le plus complet de
toute l'histoire du sport. »
Ce même jour, la formation Astana diffusa un communiqué de presse confirmant que le programme était sur des
rails : « Le programme a été lancé, la récolte des échantillons a
commencé. » Le communiqué rapportait des propos attribués
à Catlin, selon lesquels le programme répondait parfaitement
à ses trois objectifs : procéder très fréquemment à des analyses, pouvoir congeler les échantillons et agir à la fois en
totale indépendance et en toute transparence.
Mais quatre jours plus tard pourtant, l'intéressé se fait plus
nébuleux lors d'un entretien reproduit par l'agence Reuters
à Adélaïde : il ne sait plus quoi présenter du processus qu'il
dit avoir pourtant engagé : « Que publier ? se demande-t-il.

---

1. *Le Journal du dimanche*, 18 janvier 2009.

L'encéphalogramme, les courbes cardiaques ? Les valeurs sanguines ? [...] Si je vais en altitude pendant un mois et que mon taux d'hématocrite monte à 46... Sûrement pas ici, dans cette salle [de conférence de presse], mais il y aura toujours des gens pour dire que j'ai triché. Un journaliste m'a assuré un jour qu'il était impossible que les taux d'hématocrite et d'hémoglobine augmentent en cours de saison. C'est évidemment n'importe quoi [1]. On publiera. Et je fais confiance à ce que Don Catlin, qui a mis en place mon système de contrôles personnel, publiera. »

Même Pat McQuaid s'était mouillé sur le sujet : « Je dirai à tous les sceptiques : laissez-lui une chance, je ne crois pas qu'il soit un tricheur. Il exposera son programme de contrôle, qui sera mené par des groupes indépendants, totalement transparents [2]. »

Au cours de cette même conférence de presse, une journaliste américaine de la chaîne ESPN, Bonnie Ford, tenta d'obtenir d'Armstrong la confirmation que le partenariat avec le Dr Catlin avait bien démarré :

BONNIE FORD. Lance, on se demande tous un peu si votre collaboration avec Don Catlin a véritablement commencé ?
LANCE ARMSTRONG. Oui, ça y est.
B.F. Est-ce que vous pouvez nous donner quelques détails concernant cette collaboration, et nous expliquer pourquoi il vous a fallu autant de temps pour arriver à un accord ?
L.A. Tout est formalisé. C'est en cours. C'est le programme

---

1. Et pourtant, tous les experts en hématologie sont formels, dont le Pr Michel Audran : « Un taux d'hématocrite qui augmente à mesure que se dispute le Tour, par exemple, c'est totalement anormal. Ce n'est pas physiologique. Je suis formel là-dessus. »
2. Au micro de la BBC, 24 septembre 2008.

antidopage le plus complet jamais mis sur pied dans le sport de haut niveau. J'ai énormément de respect pour Don. Je sais que c'est le plus fort dans son domaine. Je pense que si qui que ce soit a la moindre objection concernant telle ou telle performance cette saison, et bien ce programme permettra de dissiper le moindre doute. Mais on est en train de lancer la machine. C'était un peu compliqué au début parce qu'il y a énormément de gens et d'agences impliqués. Sans même parler du programme de Don, nous avons subi douze autres contrôles antidopage en dehors des phases de compétition. Je mets au défi qui que ce soit d'autre de présenter douze contrôles antidopage effectués au cours des quelques mois écoulés. Seulement voilà, on a dû faire en sorte que chacun trouve sa place, ses marques, son rôle à jouer dans ce grand programme. On s'était engagés à ce qu'il soit mis sur pied avant la première course, et nous y sommes.

B.F. Quand doivent avoir lieu les premiers tests, et à quelle fréquence vont-ils se succéder ?

L.A. Question suivante. J'ai déjà dit que c'était en cours et qu'on avait finalisé le projet. Ça y est, c'est parti. Je ne vois pas quoi ajouter.

Mais trois semaines plus tard, le 12 février, Lance Armstrong laissera une nouvelle « place au doute » en renonçant à son programme individuel de « transparence », arguant de problèmes logistiques et de coûts excessifs. La mise en place du « programme antidopage le plus complet jamais mis sur pied dans le sport de haut niveau » n'avait simplement pas passé le cap de la déclaration publique.

Docteur Catlin et Mister Lance

Don Catlin reçut notre premier mail à la mi-janvier. «Cher Dr Catlin, nous souhaiterions vous interviewer au sujet de votre collaboration avec Lance Armstrong…» Avec le recul, on comprend plus facilement pourquoi il choisit de ne pas répondre. Le mariage avait eu lieu quatre mois plus tôt mais il n'avait pas encore été consommé. Si Catlin refusait de nous parler, c'est tout simplement parce qu'il n'avait rien à nous dire. Ils avaient eu quatre mois pour mettre leur programme de dépistage en route mais, en réalité, les choses n'avaient pas avancé d'un pouce.

Malgré toute la publicité faite autour de leur collaboration, malgré l'annonce en fanfare d'un programme de tests extrêmement ambitieux, Armstrong et lui n'avaient fait que discuter de leur projet – et encore, en des termes assez vagues. Ils s'aperçurent rapidement que les contraintes techniques étaient difficiles à surmonter : comment recueillir un échantillon d'urine ou de sang lorsque le coureur se trouve en Europe ? Qui serait habilité à effectuer le prélèvement ? Quel laboratoire serait à même de l'analyser ? Comment organiser le transport ? Fallait-il que l'analyse soit supervisée, et par qui ? etc. À chaque nouvelle étape, ils se heurtaient à des difficultés de plus en plus complexes. Toutefois, ces différentes considérations étaient parfaitement prévisibles et elles auraient très certainement pu être traitées avant qu'ils ne présentent leur plan en public.
Tandis qu'ils évaluaient les coûts et les difficultés matérielles, Catlin s'était plongé dans l'élaboration de tests et de protocoles qui devaient marquer une nouvelle ère dans la

lutte contre le dopage. Il n'y avait pas de voie médiane. La façon dont Armstrong avait annoncé au monde entier leur collaboration avait déclenché une très forte attente. Beaucoup espéraient voir enfin une batterie de tests établir une fois pour toutes qu'il était irréprochable, et pas seulement plus rusé que les autres pour passer sans encombre les contrôles antidopage. Aux États-Unis, où le Dr Catlin jouit d'une aura immense en tant que spécialiste de la lutte contre le dopage, de nombreuses personnes étaient impressionnées de voir Armstrong se placer délibérément sous le microscope du scientifique.

L'automne succéda à l'été, l'hiver à l'automne, mais les avancées étaient minces. Catlin refusait systématiquement de s'entretenir avec la presse et de présenter ses avancées – où plutôt son absence d'avancées. Il semble aujourd'hui assez évident que, dès le départ, avant même que Catlin ne pût s'en apercevoir, leur relation ne partait pas sur des bases très solides. Lors d'un entretien réalisé début novembre 2008[1], un journaliste demanda à Catlin s'il n'éprouvait pas une légère appréhension à l'idée de travailler avec Lance Armstrong. « Si, répondit-il. J'ai collaboré par le passé avec de très nombreux athlètes, mais le profil de Lance Armstrong est tel que vous ne pouvez éviter un certain nombre de questions et de difficultés. Il faut être prêt à les affronter. J'y ai mûrement réfléchi et, selon moi, il faut savoir tourner la page. Ce que vous faites aujourd'hui n'a rien à voir avec ce que vous avez pu faire hier, quel qu'ait pu être votre passé. »
Quel qu'ait pu être votre passé ? Que fallait-il lire à travers cette dernière déclaration de Catlin ? Il est probable en tout

---

1. *Cycling Weekly*, « La grande interview », Matt Lamy, 6 novembre 2009.

cas qu'elle soit revenue aux oreilles d'Armstrong et qu'il ne l'ait guère appréciée. Le moins que l'on puisse dire, c'est qu'il s'agissait d'une reconnaissance implicite par Catlin que, oui, il était possible que le septuple vainqueur du Tour de France se soit dopé. Il était clair, également, que Catlin n'était pas prêt à jurer qu'il croyait qu'Armstrong était devenu un grand champion en roulant propre et cela aussi constituait une prise de position qui ne pouvait manquer d'irriter le principal intéressé.

Un CV chargé

Aux États-Unis, la réputation du Dr Catlin dans la lutte contre le dopage n'est plus à faire. Il enseignait à l'Université de Californie, à Los Angeles, lorsque la ville se vit octroyer les Jeux olympiques d'été de 1984. Il fut aussitôt repéré par le département médical du CIO afin de diriger le programme antidopage de ces Jeux. Il hésita un moment avant d'accepter et, depuis lors, son nom s'est trouvé associé aux affaires de dopage les plus médiatisées. C'est lui qui développa un test pour détecter la seconde génération d'EPO, la darbépoïétine. On lui doit donc également les contrôles positifs à cette substance qui conduisirent aux suspensions de trois des athlètes les plus titrés lors des Jeux olympiques d'hiver de 2002, à Salt Lake City.

Mais c'est avant tout pour avoir permis de déceler le stéroïde de synthèse ou tétrahydrogestrinone (TGH) que le Dr Catlin est unanimement reconnu. Cette découverte joua un rôle clef dans l'enquête menée au laboratoire Balco de San Francisco concernant Victor Conte et son équipe. Cela permit de mettre au jour des ramifications en cascade dans des sports tels que le base-ball ou l'athlétisme. Le travail de Don Catlin devait par la suite conduire à l'inculpation de la sprinteuse Marion Jones et à un rapport complet rédigé par le sénateur américain George Mitchell autour de la culture du dopage dans le base-ball. Il est tout à fait évident que Lance Armstrong s'était tourné vers ce médecin californien précisément parce que, plus que n'importe quel autre spécialiste, sa bénédiction pouvait lui apporter une nouvelle crédibilité, une nouvelle virginité. Ce qui est moins facile à comprendre, c'est comment le Dr Catlin a pu accepter de signer un partenariat avec un sportif aussi sulfureux que Lance Armstrong?

Cela tient en partie au fait que Catlin avait déjà pris la décision d'abandonner sa chaire à l'Université de Californie et de lancer son Centre de recherche antidopage (CRA), une société à la tête de laquelle il a placé son fils Oliver, directeur général. «Je n'arrivais pas à me faire une idée nette de ce qu'allait être le futur, explique-t-il. Cela faisait cinq ans que je demandais à l'Université de Californie de trouver quelqu'un pour prendre ma suite. J'ai 70 ans, je voulais qu'on me trouve un successeur et j'avais des tas de projets pour l'avenir – des projets que je ne parvenais pas à faire valider par l'Université, si bien que j'ai fini par m'en aller, frustré. » Son partenariat avec Armstrong allait faire beaucoup de bruit dans les médias et mettre son travail au sein du CRA sous les projecteurs. Lorsqu'un journaliste américain lui avait fait remarquer que, puisque les frais seraient à la charge d'Armstrong et de son équipe, il risquait de perdre toute indépendance et toute crédibilité, Catlin avait alors répondu sans ciller: «Je suis tel que je suis. Cela fait plus de vingt-cinq ans que je travaille sur le dopage. Vous ne pouvez pas imaginer le nombre de pots-de-vin qu'on m'a proposés. Ce n'est pas aujourd'hui que je vais revenir sur tout ce que j'ai fait, tout ce que je suis. J'ai compris il y a belle lurette que si l'on s'engage sur ce terrain, on finit toujours par se faire prendre – tôt ou tard. On ne peut pas jouer à ça, ça ne marche pas ainsi. Et notre garantie, elle est là : nous allons diffuser toutes les données sur Internet. Est-ce que quelqu'un a déjà fait un truc pareil ? En plus, nous allons conserver les échantillons longtemps[1]. »

Rendez-vous avec Don

Don Catlin reçut notre premier mail en janvier. Il n'y eut pas de réponse. Un mois plus tard, Armstrong annonçait finalement que son partenariat avec le célèbre professeur ne verrait jamais le jour. Ce jour-là, nous avions réitéré notre demande d'interview au Dr Catlin. Il y avait répondu immédiatement : « Est-ce que vous êtes libres aux alentours de 13 heures lundi prochain ? » Dans le premier courriel que nous avions adressé au Dr Catlin, il était explicitement précisé que c'était le partenariat qu'il venait de lancer avec Armstrong qui motivait notre demande d'interview. Le matin du jour où devait avoir lieu l'interview, nous avons reçu un nouveau courrier électronique du Dr Catlin. « J'ai fait des recherches sur votre travail précédent et je suis tombé sur une référence à *L.A. Confidentiel*. La note laisse entendre que vous êtes l'auteur d'un article concernant Lance Armstrong, est-ce exact ? Si tel est le cas, il me semble que vous auriez dû m'en avertir, ne croyez-vous pas ? Professeur Don H. Catlin. » Dans notre réponse, nous lui rappelions que

1. *New York Daily News*, entretien avec Nathaniel Vinton, 29 septembre 2009.

nous avions passé l'essentiel de nos carrières de journalistes sportifs à lutter contre ce fléau qu'est le dopage, et que si l'on en croyait le slogan publié sur le site Internet de son Centre de recherche antidopage, « Au nom du sport », nous étions vraisemblablement du même côté…

Nous avons donc sauté dans un taxi à l'aéroport de Los Angeles, direction les bureaux du CRA sur Grand View Boulevard, à Culver City, pressés de savoir si nous n'étions pas finalement dans deux camps opposés.

Oliver Catlin vient à notre rencontre. Il est courtois, quoique légèrement distant. Il sait que vous avez fait le déplacement depuis l'Europe, et pourtant il vous annonce que son père a un coup de téléphone à passer à 13 h 30, en conséquence de quoi l'entretien ne se prolongera pas au-delà de cette heure limite. Cela vous laisse très exactement 29 minutes. Le fils Catlin ajoute qu'une employée du CRA assistera à tout l'entretien, en observatrice. Les premières questions sont d'ordre général.

« En vingt-huit ans de carrière, qu'avez-vous appris sur la lutte contre le dopage ? »

– Si j'avais su dès le départ dans quoi je m'engageais, j'aurais peut-être choisi un autre champ de recherches. C'est un domaine très compliqué, mais aussi très frustrant. Vous vous retrouvez sur la route d'individus particulièrement coriaces – et j'en ai eu plus que ma part. D'un autre côté, le sentiment de participer à un mouvement essentiel pour le sport est un moteur extrêmement stimulant et une formidable récompense. »

En définitive, Don Catlin a le sentiment que la vraie solution est sans doute très radicale, à tel point qu'il hésite à rendre sa position publique. « Je pense qu'on pourrait se passer des médailles, des titres. En tout cas, pour moi, toutes les possibilités sont sur la table, et je crois que les instances qui sont en charge de ces questions finiront bien par envisager des mesures de ce type. Pour l'instant, nous ne sommes pas encore tout à fait prêts à le dire haut et fort, mais, en l'état, le système actuel ne fonctionne pas. »

Sur de nombreux sujets, le Dr Catlin se montre captivant et engageant. Il estime que la traque des tricheurs sera toujours une succession de victoires et de défaites, que, chaque fois que l'on dépistera le dernier produit dopant, ce sera pour s'apercevoir qu'un nouveau a pris la relève. Il nous éclaire sur la façon dont la plupart des athlètes parviennent à faire disparaître toute trace de produit dopant dans leurs organismes, simplement en buvant beaucoup d'eau ou en se purgeant.

Il parle également cyclisme, et mentionne sa profonde admiration pour Jonathan Vaughters et Bob Stapleton, qui dirigent les équipes Garmin et Columbia, et pour lesquelles il assure le protocole antidopage. « C'est un bonheur de travailler avec eux, explique-t-il. Parce que vous pouvez être sûr qu'ils ne cherchent pas à vous flouer. Il se peut que certains de leurs athlètes se dopent, mais ces deux-là font ce qu'ils peuvent pour que cela n'arrive pas. Ils croient vraiment en un cyclisme propre et ce n'est pas si courant de nos jours. »

Nous en arrivons enfin au cas Lance Armstrong. Qu'est-ce qui l'a décidé à accepter de travailler avec Armstrong ?

« Je n'ai pas l'intention de parler de Lance, répond-il fermement.

– Bien. Dans ce cas, parlons-nous simplement de la fin de votre partenariat. N'avez-vous pas été tout de même quelque peu soulagé que cela n'aboutisse pas ?

– Je ne veux pas en parler, c'est terminé. On a fait ce qu'on a pu, et on a fini par s'accorder pour dire qu'il valait mieux en rester là. »

Nous nous obstinons. « Dr Catlin, si nous étions un peu plus intimes, je vous parlerais de vos déclarations selon lesquelles le passé d'Armstrong est son affaire, pas la vôtre, et que cela ne vous concerne pas. Parce que si vous l'aviez suivi et que ses bilans s'étaient révélés négatifs, alors il aurait sans aucun doute utilisé votre travail pour mettre l'ensemble de sa carrière sportive sous un meilleur jour. Est-ce que ça vous aurait plu ?

– Je ne vous suivrai pas sur ce terrain », répond-il, définitif.

Et c'est ainsi que le chercheur antidopage le plus réputé des États-Unis est prêt à discuter dans le détail de n'importe quel sujet. Sauf du cas Lance Armstrong.

Son sang ne fait qu'un tour

Avant d'avoir dit non à Don Catlin, Lance Armstrong avait déjà dit non à Pierre Bordry. Le 30 septembre 2008, le président de l'Agence française de lutte contre le dopage (AFLD) avait pourtant cru bien faire en proposant au Texan de s'affranchir définitivement des soupçons de dopage. Comment ? En procédant à une nouvelle analyse des six échantillons urinaires positifs à l'EPO prélevés lors du Tour de France 1999 qui avaient donné lieu au « scoop du siècle », révélé par Damien Ressiot dans *L'Équipe* en août 2005. Et son invitation s'opérait dans des conditions optimales : l'analyse se ferait dans le laboratoire européen choisi par Armstrong, en présence d'un expert choisi par Armstrong, et les résultats ne donneraient lieu à aucune procédure disciplinaire antidopage, compte tenu du délai de prescription qui est de huit ans. Le lendemain, Lance Armstrong faisait passer sa réponse par Mark Higgins, le responsable de sa communication : c'était non. « Lance n'est pas intéressé pour discuter à nouveau des résultats des prétendus échantillons [*sic*] de 1999. » Pour justifier son refus, Lance Armstrong avança un argument : « Les échantillons des Tours de France 1998 et 1999 n'ont pas été conservés correctement […]. Même il y a trois ans, leur analyse n'avait pu fournir de résultats probants. » Ce qui n'a pas manqué d'étonner Pierre Bordry : « Je m'étais assuré au préalable auprès de Jacques de Ceaurriz [1] que les échantillons en question étaient intacts, qu'ils avaient été conservés en bonne et due forme et qu'ils contenaient suffisamment d'urine pour être soumis à de nouvelles analyses. » Mais le communiqué signé Lance Armstrong n'est pas à ça près : « Il n'y a tout simplement rien que je puisse accepter et qui pourrait fournir des preuves évidentes à propos de 1999. » Le même jour, le coureur américain fit même part d'une certaine irritation en évoquant Pierre Bordry : « Il est nouveau dans cette affaire et sa proposition est basée sur une incapacité fondamentale à comprendre les faits [2]. »

La réponse du Texan sur le sujet au *New York Times* [3] fut plus étrange : « Je n'ai pas à donner mon autorisation puisque rien ne pourra désormais prouver quoi que ce soit pour 1999. » Pour finir, son conseiller en communication Mark Higgins botta en touche : « Je renverrai l'AFLD ou quiconque posera des questions à ce sujet au rapport Vrijman [4], qui innocente

1. Responsable du laboratoire antidopage de Châtenay-Malabry depuis 1997.
2. Sur le site américain cyclingnews.com.
3. Le 2 octobre 2008.
4. Voir chapitre 1.

complètement Lance [1]. » Ce fameux rapport déboulonné par tout le monde, sauf par l'UCI.

« Le bénéfice de la suspicion »

Pierre Bordry s'est donc « renvoyé » au rapport Vrijman. Sa conclusion ? « C'est un rapport intéressant mais rédigé par des amis de M. Verbruggen. En outre, il n'y est pas fait état de l'analyse elle-même, mais des conditions de l'analyse. »

Drôle de personnage que M. Bordry dans le paysage sportif. À la tête de l'AFLD depuis sa création, en octobre 2006, son ton est d'une neutralité absolue. Sa fonction le lui réclame : membre du Conseil d'État depuis 1987 [2], ancien porte-parole de l'Élysée et président de la commission paritaire des publications et agences de presse, ce haut fonctionnaire ne nourrit ni état d'âme ni compassion. Comme tel, il est « attaché au droit de la défense ». Son seul penchant se détecte dans un flegme britannique, un soupçon d'aristocratie victorienne qui se retrouve jusque dans son attitude, sa mesure, son code vestimentaire. Parachuté à la tête de l'AFLD, née sur les cendres du CPLD [3], Pierre Bordry n'est « pas du tout intéressé par le sport, mais par la création d'une entité », dit-il. Son lien personnel avec le Tour ? « Je l'ai vu passer. »

---

1. Lors d'une conférence de presse tenue à Tenerife lors du premier stage de son équipe Astana, Lance Armstrong avait effrontément joué les victimes en évoquant un harcèlement sur ses échantillons positifs : « On me parle d'échantillons vieux de dix ans qui ont été ouverts à maintes reprises et je ne trouve pas ça honnête. »

2. Le Conseil d'État est une institution publique siégeant au Palais-Royal qui est à la fois conseiller du gouvernement français et la plus haute juridiction administrative.

3. Comité de prévention de la lutte contre le dopage, créé en 1999.

Son statut ? « Je suis libre et indépendant, placé sous aucune autorité. » Ce qui a parfois le don d'irriter ceux qui jouent du lobbying. Son regard sur la planète sportive ? « Le plus inquiétant ne concerne pas le haut niveau mais ceux qui veulent y parvenir, qui représentent la masse la plus importante. Le plus grand nombre des sportifs n'est pas dopé. Mais je suis extrêmement inquiet pour les mineurs. D'après les études qui circulent, la mécanique du dopage est engagée dès l'adolescence. »

Lorsque la réponse de Lance Armstrong à sa proposition de réexaminer ses échantillons lui est parvenue, Pierre Bordry a une réaction analytique : « C'est dommage. Il a perdu une occasion de montrer qu'il est *clean*. Je lui avais proposé quelque chose avec des données objectives et correctes. Il refuse, point final. Il n'y a aucun moyen de revenir sur ses échantillons [1] sans son accord parce qu'ils remontent au-delà de la date des huit ans de prescription [2]. » Ce qui ne l'empêchera pas, en homme de loi averti, de dégoter un néologisme juridique qui pourrait faire jurisprudence : « Lance Armstrong a le bénéfice de la suspicion. »

Un scoop, à défaut d'une sanction

Mais sous un discours policé, Pierre Bordry laisse toutefois surgir des sous-entendus subliminaux, des propos à double entrée. « En tout état de cause, je n'ai rien à lui reprocher

1. Les échantillons sont conservés par le laboratoire de Châtenay-Malabry, placé depuis 2006 sous la responsabilité de l'AFLD, en application d'une décision de justice du 4 janvier 2006 rendue en référé par le tribunal de grande instance de Nanterre.
2. Délai dicté par l'AMA, l'Agence mondiale antidopage.

depuis… 2006 » (date de sa prise de fonction et du retrait d'Armstrong de la compétition jusqu'à janvier 2009). Ou des ambiguïtés qui révèlent une perplexité, comme lorsqu'il évoqua le Tour de France 2005, le septième victorieux de l'Américain : « Les préleveurs [des contrôles antidopage] devaient demander de multiples permissions avant d'accéder à lui, toujours entouré de gardes du corps. On sait tout ce qui peut se passer entre le moment de la demande et celui où le préleveur arrive [1]. » Pierre Bordry s'enhardit sur le même thème, à propos de la compétition du Texan en Australie, sur le Tour Down Under, fin janvier 2009 : « Là-bas, il était dans un hôtel à part, entouré de gardes du corps. Si vous laissez un délai, il y a des possibilités de manipulation. »

Le président de l'AFLD manie même avec délectation et subtilité le sens des évidences : « Je suis attaché au droit à la défense, rappelle-t-il. Je travaille sur l'information, pas le soupçon. » Mais peut-on parler uniquement de soupçon concernant Lance Armstrong ? « Dans son cas, il n'y a pas eu de processus de décision. Je m'en tiens à ça. Personne n'a décrété qu'une sanction était justifiée à son encontre. » Qui, d'ailleurs, aurait pu le faire si ce n'est l'UCI ? Sur ce point, Pierre Bordry se fait soudainement plus tranchant. « En fait, j'en veux à ceux qui n'ont pas assumé la décision. » Pense-t-il à l'UCI ? « Non, au ministère des Sports de l'époque. » Et plus précisément à Jean-François Lamour, à sa tête de 2002 à 2007. Les deux hommes ne s'apprécient guère, au point de s'être affrontés lors d'un procès pour diffamation. Que

---

1. *Le Figaro*, 6 janvier 2009. Le 18 décembre 2008, interrogé par Associated Press, Pierre Bordry avait apporté une précision : « Il [Lance Armstrong] dit qu'il craint pour sa sécurité. Je pense qu'il n'a aucune raison de croire quoi que ce soit, mais je ne voudrais pas que ses agents de sécurité le protègent des escortes antidopage. »

reprocherait donc Pierre Bordry à Jean-François Lamour à propos d'Armstrong et de ses échantillons positifs révélés en 2005 par *L'Équipe* ? « La gestion du cas a été foireuse, lance-t-il vertement. À l'époque, le laboratoire de Châtenay-Malabry, où ont été analysés et stockés les échantillons positifs, était sous la tutelle du ministre. Pourquoi n'a-t-il rien dit ? On n'était pas dans une recherche médicale ou expérimentale. La loi Buffet s'appliquait. »

Et Pierre Bordry d'ajouter : « Sur les suites de l'affaire, et le fameux rapport Vrijman[1] qui a mis gravement en cause le laboratoire français, le ministère des Sports ne s'est pas non plus exprimé. Pourquoi ? Était-il d'accord avec le rapport remis à M. Verbruggen ? Pourtant, si le laboratoire a mal fait les choses, de deux choses l'une : ou bien c'est faux, et vous répondez à cette accusation ; ou bien c'est vrai et, à ce moment-là, le directeur du laboratoire est viré. C'est trouble. On ne reste pas inerte dans une affaire aussi grave. »

Sur ce point, Jean-François Lamour, qui avait accepté de nous recevoir, s'est défendu ainsi : « Au sens de la loi, ils n'étaient pas positifs. Ils contenaient de l'EPO mais ne pouvaient pas être considérés comme positifs en raison des procédures antidopage de l'époque, en 1999. Les six flacons étaient anonymes. »

Mais est-ce que cela empêchait pour autant de faire remonter l'information, de solliciter l'UCI pour obtenir les correspondances nominatives, ce qu'a fait le journaliste Damien Ressiot ?

Jean-François Lamour insiste sur le contexte juridique de

---

1. Le rapport dit Vrijman, du nom de son auteur, avocat et ami personnel de Hein Verbruggen, avait été mandaté par l'UCI suite à l'enquête révélée par *L'Équipe*. Son contenu innocente totalement Lance Armstrong.

l'époque : « On ne peut dans cette affaire, sauf à être de parfaite mauvaise foi ou à méconnaître sciemment le contexte juridique de ce dossier, soupçonner le ministère de quelque complaisance que ce soit ou de ne pas avoir soutenu le laboratoire de Châtenay-Malabry. Malheureusement, aucune conséquence sur le plan disciplinaire ne pouvait être tirée par les autorités nationales de l'identification des échantillons positifs telle qu'elle s'était passée. Le Code mondial antidopage ne s'appliquait d'ailleurs pas au moment de la collecte des échantillons et une sanction disciplinaire dans le cadre législatif de l'époque aurait été vouée à l'échec. C'est d'ailleurs en ayant en tête cette affaire que j'ai été par la suite un farouche partisan de la modification du Code antidopage, permettant l'analyse *a posteriori* d'échantillons afin de bénéficier de l'évolution des techniques de détection. Par ailleurs, je me suis également exprimé pour contester le sérieux et la validité du rapport Vrijman et ai, en tant que ministre de tutelle, défendu avec force le LNDD, le laboratoire antidopage de Châtenay-Malabry, ce dont son directeur peut témoigner. Enfin, j'ai immédiatement et publiquement indiqué qu'il existait une quantité suffisante d'échantillons pour qu'une autorité judiciaire puisse, à la demande de M. Armstrong, procéder à une contre-expertise. »

Il restait alors à une autre institution la possibilité d'intervenir : l'Agence mondiale antidopage (AMA), celle qui, par le biais de son président Richard Pound, avait considéré comme une plaisanterie « grotesque » le rapport Vrijman. Sur ce point, Alain Garnier, directeur médical de l'agence, demeure lui aussi évasif : « Pourquoi l'AMA n'a-t-elle pas sanctionné Lance Armstrong au-delà de l'UCI ? répète-t-il. Je ne suis pas juriste mais il y a sans doute une lacune. En fait, quand une fédération internationale ne bouge pas dans un cas comme celui-là, le seul pouvoir de l'AMA est de porter une décision que l'on conteste devant le Tribunal arbitral du sport. Nous ne sommes qu'une instance d'appel. C'est notre seule possibilité d'ingérence dans les affaires d'une fédération internationale. Et comme, dans le cas Armstrong, rien n'a été fait, on ne peut rien apporter devant le TAS[1]. Le pouvoir de sanction disciplinaire direct de l'AMA est assez restreint », admet-il.

Et de simuler la situation : « Dans ce cas, on a un résultat analytique positif à l'EPO qui est resté sans suite de la part de la l'UCI. L'AMA porte l'affaire devant le TAS. Problèmes, c'est intervenu six ans plus tard, et *via* un journal. N'y a-t-il pas eu rupture de la confidentialité dans l'instruction ? N'y a-t-il pas eu rupture dans les protocoles dans un cadre de recherches d'échantillons anonymes ? Juridiquement, on se serait fait ramasser. » Et le ministère des Sports également ? Alain Garnier reste dans la supputation : « Lors d'une épreuve sur le sol français, c'est la juridiction de l'agence antidopage qui s'applique. Le ministère aurait peut-être pu saisir l'UCI. » Au final, il reconnaît que l'affaire sent l'inachevé : « Sur le moment, l'information est spectaculaire mais inefficace et sans effet. C'est un beau scoop tout autant qu'un coup d'épée dans l'eau. »

Une vision qu'a partagée en son temps Christian Prud-homme, le directeur du Tour : « Je ne doute pas de la qualité de l'enquête [de *L'Équipe*], mais on savait qu'il n'y avait pas de suite possible[2]. »

Ni de doute possible. Selon Michel Audran, professeur

---

1. Tribunal arbitral du sport. Cette institution, créée en 1984 et basée à Lausanne, tranche les litiges juridiques survenant dans le domaine du sport. Ses décisions ont la même force exécutoire que les jugements des tribunaux.
2. Reuters, 2 décembre 2008.

en hématologie reconnu, qui intervient notamment dans le comité de pilotage de l'élaboration du passeport sanguin mené par l'UCI, il n'y a «aucun doute sur la positivité des échantillons urinaires de Lance Armstrong, d'autant plus que j'ai vu les résultats. Quand le laboratoire a procédé aux analyses, il ignorait à qui appartenaient les échantillons et il n'avait aucune raison de mettre de l'EPO dans ces urines puisqu'il était en train d'améliorer la sensibilité des tests». Pour autant, le Pr Audran estime que le laboratoire a commis une faute: «On peut lui reprocher de ne pas avoir gommé les codes-barres sur ces échantillons, à des fins de recherche, lesquels ont permis de remonter à Lance Armstrong. C'est normal qu'il n'y ait pas eu de sanctions car nous n'étions pas dans les conditions d'un contrôle antidopage. Et Lance Armstrong aurait pu attaquer le laboratoire pour diffamation.» L'intéressé a férocement mis en cause la fiabilité du laboratoire de Châtenay-Malabry mais, bizarrement, n'a pas enclenché de poursuites judiciaires. Ni contre le laboratoire ni contre L'Équipe.

En tout état de cause, ce n'est ni le président de l'UCI, Pat McQuaid, ni le nouveau président de l'AMA depuis octobre 2007, l'Australien John Fahey, qui allaient jeter de l'huile sur le feu. Le premier avait clairement pris position[1]: «Procéder aux examens rétrospectifs des échantillons de Lance Armstrong? Il n'y a aucune raison pour faire ça. Sur quelle base? Au nom de quoi?» Pour le second, tranchant avec la position de son prédécesseur Richard Pound, le passage de Lance Armstrong sur ses terres australiennes lors du Tour Down Under, en janvier 2009, avait été un don du ciel.

1. Déclaration faite au JT de 20 heures de France 2, le 23 octobre 2008.

« Il crée un phénomène sportif, il a attiré plus de public que jamais [1] », s'était réjoui l'ancien joueur de rugby et Premier ministre de Nouvelle-Galles du Sud. Quant à l'idée de procéder à un nouvel examen des échantillons positifs à l'EPO, John Fahey s'est déclaré impuissant : « On ne peut rien faire d'autre compte tenu des délais de prescription. [...] Cela n'empêchait pas Lance Armstrong, s'il veut établir les faits, de consentir volontairement à l'offre qui avait été faite par l'Agence française de lutte contre le dopage de réanalyser ces échantillons. » Ça n'engage à rien de le dire.

Le stratagème de la peur

La décision de l'Américain n'a pas franchement fait sauter au plafond les dirigeants d'ASO. Contraint de réagir à chaud devant les micros, le 10 septembre 2008, Christian Prud-homme est le seul à prendre la parole – Patrice Clerc n'y ayant plus droit – en avouant que ce n'était « ni une bonne ni une mauvaise nouvelle ». Voilà qui respirait l'enthousiasme. Pour autant, le directeur du Tour laissait déjà la porte entrouverte à son admission, « du moment qu'il se soumette au même processus antidopage que les autres coureurs ». Audacieuse condition : le Texan s'y est [presque] toujours plié [2]. Mais le patron du Tour, plus que gêné aux entournures, évacue son embarras en ajoutant que, « d'ici au Tour, il va y avoir de

1. Déclaration faite lors d'une conférence à Lausanne le 24 février 2009.
2. Dans *L.A. Officiel* (*op. cit.*), Mike Anderson, l'ancien assistant personnel de Lance Armstrong, raconte que son employeur s'est échappé d'un contrôle inopiné mené par l'agence antidopage américaine au printemps 2004 (p. 38-39).

l'eau qui va couler sous les ponts». Sous-entendu: l'Américain n'est pas encore en pole position sur la ligne de départ à Monaco le 4 juillet. Deux mois et demi plus tard, lorsque Lance Armstrong annoncera, après bien des tergiversations calculées, sa participation sur le Tour de France 2009, ASO donnera sa bénédiction au coureur. L'eau avait provoqué une inondation.

Dans l'intervalle, des voix s'étaient élevées contre le retour de Lance Armstrong sur les lieux de ses crimes. Managers d'équipes (Jean-René Bernaudeau, Marc Madiot, Éric Boyer, Denis Leproux), coureurs, médias. Au-delà des «institutionnels» qui avancent sur des œufs, certains organes de presse ont versé dans l'ironie et d'autres, plus franchement, dans la réprobation. Même aux États-Unis, d'importants organes de presse grincent des dents[1]. Par ailleurs, des actionnaires d'ASO ne sont pas franchement emballés par ce come-back, tout comme le jeune et frais émoulu P-DG Jean-Étienne Amaury qui, le surlendemain de sa nomination, le 1er octobre, y réagit à mots choisis. «On ne peut pas dire qu'il [Lance Armstrong] n'embarrasse pas le Tour de France puisqu'il a avec lui une histoire compliquée.»

Que n'avait osé insinuer là le patron du Tour! La réponse de l'Américain, le 5 octobre, fut cinglante: «Où est l'embarras là-dedans[2]?» Et de faire apprécier un autre point de vue: «Selon les chiffres, il n'y a jamais eu autant d'audience télé, de couverture de médias dans le monde entier, de spectateurs le long de la route, et de parraineurs.» Un aspect qui peut

---

1. *Chicago Tribune, Los Angeles Times, New York Daily News, The Wall Street Journal*, NBC Sports, ESPN ou encore *Herald Sun* en Australie.
2. AFP, 5 octobre 2008.

effectivement faire réfléchir un organisateur, tout comme la pugnacité de l'Américain qui va mélanger les genres : « Ça a pris une telle tournure que je ne peux pas accepter ce genre de mise en avant qui dévie du message de Livestrong [sa fondation]. »

Ce même jour pourtant, la télévision allemande[1], qui avait déjà quitté le Tour 2007 avec fracas, reconnaissait, par son directeur de la communication Rolf-Dieter Ganz, que la présence d'Armstrong « ne nous amuse pas du tout ».

L'intéressé, lui, a semblé s'en amuser, n'étant pas à une contradiction près. Florilège de ses déclarations à un mois de distance.

• Le 24 septembre, jour de l'apparition new-yorkaise de Lance Armstrong, c'est son agent et avocat Bill Stapleton qui affirme que « dans un mois, nous serons à la présentation du Tour avec Lance et Johan. […] Lance en profitera pour rencontrer des gens dans le cadre de sa fondation ». Le 15 octobre, on apprenait finalement qu'il ne se rendrait pas à Paris.

• Le 9 septembre, l'Américain avait annoncé qu'il était « certain à 100 % de disputer le Tour de France ». Le 14 octobre, il laisse entendre dans les colonnes du quotidien sportif italien la *Gazzetta dello Sport* « qu'il y a une possibilité que le Giro soit la seule course de trois semaines à laquelle [il] participe. Aujourd'hui, il y a des doutes au sujet du Tour ». Les raisons ? « Les problèmes que j'ai avec les organisateurs, les journalistes ou les fans pourraient me détourner de ma mission. »

---

1. Dans les colonnes du journal allemand *Welt am Sonntag* du 5 octobre 2008, le rédacteur en chef de la chaîne ZDF, Nikolaus Brender, déclare : « Si Astana est admise avec Armstrong et les coureurs, c'est un manque de preuve que le Tour fait tout pour empêcher le dopage. » Mi-septembre 2008, Roman Bonnaire, le « monsieur vélo » de l'autre chaîne publique allemande ARD, avait estimé que « le retour d'Armstrong n'est pas un bon signe pour le cyclisme » (source DPA).

• Le 22 octobre, jour de la présentation du Tour de France au Palais des Congrès de la porte Maillot, à Paris, Johan Bruyneel, le manager d'Astana, explique que la présence de Lance Armstrong sur le Tour, « c'est du 50-50. Ça dépendra de son état physique, mais aussi de l'ambiance qui régnera en France, sur le sentiment qu'il inspire. Il m'a dit qu'il ne suffit pas d'être invité au Tour, il faut se sentir aussi le bienvenu [1] ». Sa Seigneurie aimerait donc plus d'égards. Pourtant, un mois plus tôt, à New York, le 24 septembre, il avait fait preuve de plus d'humilité. Interrogé sur le fait qu'il n'était pas assuré d'être sélectionné pour le Tour, Lance Armstrong avait répondu : « Bien sûr, et c'est la règle. Le Tour invite qui il veut, et si ses dirigeants me disent qu'ils ne veulent pas de moi, je m'inclinerai [2]. » Deux mois plus tard, il assurait pourtant : « Si je veux faire le Tour, je le ferai [3]. »

• Le 18 novembre, Lance Armstrong monte délibérément d'un cran au cours d'un entretien accordé au quotidien anglais *The Guardian*. Profitant de réactions guère enthousiastes dans la perspective de son retour sur les routes du Tour de France – dont celle de Marc Madiot, manager de l'équipe FDJ –, le Texan déplace la crainte qu'il inspire sur les autres et… le Tour. « Je ressens de la colère, de l'agressivité. Si vous croyez tout ce que vous lisez, ma sécurité personnelle pourrait être mise en danger. » Voilà qui ne devrait pas arranger l'accès des préleveurs antidopage… « J'essaie de croire, poursuit-il, que les gens, même s'ils ne m'aiment pas, laisseront la course se dérouler. » Rien de tel pour créer artificiellement une tension. Deux semaines plus tard, il

1. *L'Équipe*, 23 octobre 2008.
2. *L'Équipe*, 25 septembre 2008.
3. *The Guardian*, 18 novembre 2008.

dégonfle lui-même la bulle qu'il a créée sur le thème sécuritaire. A-t-il vraiment peur d'être agressé par les spectateurs sur les routes ? « Non : c'est comme beaucoup d'histoires qui commencent petites et qui finissent très grandes... On a eu des menaces par le passé. Le gouvernement français et l'organisation nous ont assuré une protection [1]. » Une information que l'un et l'autre ont démentie [2].

L'impossible négociation

Tout ce barnum savamment orchestré pour en arriver à une décision prise par lui-même le 1er décembre, *via* un communiqué transmis par le site de son équipe Astana : Lance Armstrong fera le Tour. Et que les organisateurs du Tour ont validé le lendemain. Envoyé au feu, Christian Prudhomme dut encore se coltiner la réponse de son groupe face aux micros. « On a pris acte de ce qu'il nous disait [3]. [...] Ce n'est pas une surprise. C'est assez logique car il a bâti sa réputation avec le Tour de France. » Et, à l'annonce du retour du septuple vainqueur du Tour, de conclure son obligation médiatique comme il l'avait commencée en septembre : « Ce n'est ni une bonne ni une mauvaise nouvelle. »

ASO prit donc acte. Mais la société organisatrice qui, par le passé, récusa des équipes ou des coureurs en raison de leur passé sulfureux, ne pouvait-elle pas en faire de même

1. *Le Parisien-Aujourd'hui*, 2 décembre 2008.
2. D'après une déclaration de Christian Prudhomme du 2 décembre 2008, Lance Armstrong n'a posé aucune condition à son retour sur le Tour de France 2009. Et le cabinet de Bernard Laporte, secrétaire d'État aux Sports, nous a confirmé n'avoir reçu aucune sollicitation en ce sens. À moins que cette assurance vienne de plus haut...
3. Reuter, 2 décembre 2008.

avec celui de Lance Armstrong ? Même Pat McQuaid, le président de l'UCI, laissa entrevoir cette possibilité sans crier au scandale : « Si le Tour le récuse pour atteinte à l'image de l'épreuve, nous l'accepterons en application de l'accord que nous avons signé [1]. » Ce qui restait dans le domaine du possible à en croire la réponse sur ce point de Jean-Étienne Amaury, le nouveau P-DG d'ASO, dans l'une de ses rares déclarations publiques [2] : « Nous avons la possibilité et la capacité de refuser un coureur ou une équipe qui atteindrait à l'image du Tour, notamment dans ce domaine [de l'éthique] [3] ».

Alors, pourquoi ASO n'a-t-il pas joué de cet « accord », sauf à considérer que la venue d'Armstrong, qui plus est à la tête d'une équipe Astana régulièrement épinglée depuis sa création, n'est finalement pas si contrariante que ça [4] ?

1. *L'Équipe*, 22 octobre 2008.
2. *L'Équipe*, 4 octobre 2008.
3. Pour mémoire, sept des anciens coéquipiers de Lance Armstrong sont tombés pour dopage : Frankie Andreu (aveux), Manuel Beltran (EPO), Tyler Hamilton (transfusion sanguine), Roberto Heras (EPO), Floyd Landis (testostérone), Pavel Padrnos (diurétique) et Benoît Joachim (nandrolone, blanchi par sa fédération).
4. De 2004 à 2008, ASO a récusé quinze coureurs et deux équipes (les autres s'étant autosanctionnées) : la Communauté de Valence (2006) et Astana depuis... sa création, soit lors des trois dernières éditions (2006 et 2008 avant le départ du Tour, et 2007 en cours d'épreuve, suite au recours aux transfusions sanguines de son leader Alexandre Vinokourov). Le 5 mars 2009, l'équipe Fuji-Servetto (ex-Saunier Duval, celle de Ricco, Piepoli et du manager Mauro Gianetti) a été déboutée par le TAS, sur demande d'ASO, pour disputer Paris-Nice, au motif que « cette équipe pouvait porter atteinte à l'image de ses compétitions ». Le directeur du Tour Christian Prudhomme avait commenté cette décision en ces termes : « C'est la seule équipe qui a eu des cas positifs sur les deux derniers Tours de France (Mayo en 2007, Ricco et Piepoli en 2008). » Subtil distinguo avec l'équipe Astana qui ne pouvait avoir de coureurs positifs en 2006 et 2008 pour avoir été récusée de l'épreuve avant qu'elle ne commence...

Il faut rappeler que les dirigeants d'ASO et Lance Armstrong s'étaient rencontrés dans un hôtel de l'aéroport de Roissy-Charles-de-Gaulle le 30 novembre 2008, quand l'Américain fit un crochet en provenance des États-Unis avant de se rendre au stage de son équipe Astana dans l'archipel des Canaries. « Jean-Étienne Amaury et Christian Prudhomme ont tenté de le dissuader de revenir sur le Tour, rapporte un témoin. Ils ont évoqué les tensions possibles et envisagé qu'il serait mieux pour lui de revenir après, en 2010. Mais, au terme de leur entrevue, un serveur de l'hôtel est venu demander un autographe à Lance Armstrong, puis un groom, puis une femme a voulu être prise en photo avec lui… Allez lui dire après ça qu'il n'est pas le bienvenu ! »

Si ASO comme l'UCI n'entendent surtout pas s'opposer au retour de Lance Armstrong sur le Tour de France, qui peut le faire ? Personne. « On n'a pas de levier d'action direct pour intervenir, soupire un membre de l'équipe du ministère. Et émettre des avis contraires ne ferait que retourner la situation en sa faveur, car on remuerait inutilement le bourbier. »

Patrice Clerc et Gilbert Ysern, les deux répudiés d'ASO, ont finalement accédé à notre demande d'évoquer le cas Armstrong. Pour l'ancien P-DG d'ASO comme pour son directeur général, la situation est un véritable dilemme. Auraient-ils accepté le retour de « L.A. » ? « Il est difficile de répondre de manière manichéenne, consent Patrice Clerc. Objectivement, il est ce qu'il est, on sait ce qu'il est. Pour autant, il n'a jamais été convaincu de dopage par une institution. Le dommage en termes d'image est moindre que celui d'Ivan Basso qui, pourtant, a purgé sa peine. » N'aurait-il pour autant rien tenté ? « Personnellement, j'aurais cherché par tous les moyens à le dissuader. La valeur d'Armstrong, c'est son image aux États-Unis, qu'il a renforcée en Australie. Il fallait lui dire les choses de manière caricaturale, du genre : "Les Français sont très cons, les hommes politiques sont très remontés, tout comme le public et une partie des médias. Tu vas vivre un enfer. Tu vas entendre répéter tous les jours que tu es un tricheur et, immanquablement, ça va revenir jusqu'aux États-Unis." Il fallait tenter ça. » Mais *quid* de l'argument faisant état de l'atteinte portée à l'image du Tour qui a légitimé bien des récusations ? « Mais son image, particulièrement aux États-Unis, c'est celle du héros qui a survécu au cancer et qui a remporté sept fois le Tour. Lance Armstrong est enfermé dans son mensonge, il ne peut plus en sortir. Il est comme Richard Nixon avec le Watergate, ou Bill Clinton avec Monica Lewinsky. Il ne peut plus faire machine arrière. » Mais qu'en est-il sur le plan éthique ? « On ne peut ni encenser ni lyncher Armstrong. Mais je trouve ce retour terrible pour le sport cycliste. »

Gilbert Ysern relève également une situation très délicate : « Le cas Armstrong sur le Tour 2009 est très embarrassant et très compliqué, concède-t-il. Quand on est organisateur, il est difficile de cracher sur son propre palmarès. Ce serait se déjuger. Le récuser signifierait que le palmarès est faux. Dans nos convictions intimes, Patrice, Christian [Prudhomme] et moi, nous n'aurions pas accepté sa présence sur le Tour de France 2009. Mais on l'aurait tout de même fait pour deux raisons : le fait qu'on reste dans le domaine du soupçon et les pressions du groupe. »

Vent de panique sur ASO

Depuis la réorientation de la politique d'ASO, actée en octobre 2008, le personnel de la filiale vit dans une atmosphère tendue. La révocation de Patrice Clerc et de Gilbert Ysern a laissé des traces visibles plusieurs mois après. Les deux hommes ont d'ailleurs reçu beaucoup de messages de soutien de l'intérieur. « Leur éviction a été mal vécue dans la société, confie un membre du personnel. Les gens se sentent mal. Hormis quelques personnes du service sportif qui sont soulagées d'avoir des relations normalisées avec l'UCI, tous les autres sont inquiets. L'ambiance est morose. Avec Clerc et Ysern, ils réalisaient que le combat qu'ils menaient était noble. Ils y étaient sensibles. En plus, la boîte continuait à tourner, gagnait beaucoup d'argent. Mais là, on assistait à une volte-face au nom du business pur et dur. Ils avaient réussi à redorer l'image d'une société privée dans le sport. En fait, ils étaient parvenus à concilier les deux : l'éthique et l'argent. Contrairement à ce qu'on pouvait penser, les gens qui aimaient le sport, qui le défendaient, étaient dans la boîte privée [1], à l'inverse de l'UCI qui voulait vendre son sport au plus offrant. C'était valorisant pour le personnel. Alors, quand ils ont été poussés vers la sortie, ce fut vraiment traumatisant. Presque simultanément, on apprenait le retour d'Armstrong. Certains ont pris un coup sur la tête et ont fait le rapprochement avec le

1. Selon une étude menée en septembre 2007 auprès d'un public représentatif, ASO arrivait largement en tête selon l'indice de satisfaction des sondés sur la manière dont les acteurs du cyclisme appréhendent le dopage (40 % d'avis favorables), loin devant les pouvoirs publics (26 %), les institutions sportives (23 %), les sponsors (21 %), les directions sportives des équipes (18 %) et les coureurs (15 %).

débarquement des deux tauliers. Ils se disaient que le terrain avait été préparé. Et puis les rumeurs ont fusé.»

La première qui a mis le personnel en ébullition est venue d'Australie. Le 20 septembre, le très sérieux quotidien *Sydney Morning Herald* croyait savoir que Lance Armstrong envisagerait de racheter ASO ! Et qu'il serait associé à... Hein Verbruggen. Les intérêts, selon le journal, répondraient à une même logique : développer sa fondation contre le cancer avec un point d'ancrage européen, donner plus de visibilité à la promotion de sa fondation *via* les quinze autres événements sportifs qu'organisent ASO, dont certains internationaux (Paris-Dakar, Tour du Qatar et du Burkina Faso), et, partant, d'espérer plus de dons. L'auteur de l'article, Ruppert Guinness, convient que l'idée d'un Tour racheté par un groupe étranger serait émotionnellement lourde à supporter pour les Français mais, écrit-il, «il fut un temps ou personne n'avait imaginé que l'homme marcherait un jour sur la lune. Et Armstrong l'a fait...».

La nouvelle s'est répandue comme une traînée de poudre et, à quatre jours de sa toute première allocution prévue lors du forum monté par Bill Clinton à New York, la réaction de Lance Armstrong sur ce point était attendue. Mais aucun des deux cents journalistes présents n'eut la présence d'esprit de lui poser la question. Si ce n'est l'envoyé spécial du *Chicago Tribune*, Philip Hersh, auquel il répondit par un démenti : «Je n'ai pas l'argent pour ça.»

Cinq semaines plus tard pourtant, le 1er novembre, Lance Armstrong annonça le contraire lors de l'interview accordée au site de la chaîne américaine ESPN qui souhaitait en savoir plus. Et la réponse évasive de l'intéressé n'a pas été de nature à rassurer : «Dans le passé, expliqua-t-il, avons-nous pensé que, peut-être, nous pourrions acheter une part d'ASO, ou former ensemble un groupe et en acheter une large part ? Oui. Mais nous avons examiné de nombreux éléments. Ce serait une transaction difficile à mener. » En revanche, Lance Armstrong dément que Hein Verbruggen soit impliqué dans ce projet toujours d'actualité. Les investisseurs intéressés provenaient « d'un groupe américain de gens influents, riches, et fanatiques de cyclisme ».

La confirmation de l'intérêt que Lance Armstrong avait porté au rachat d'ASO, même inabouti, n'avait pas vraiment tranquillisé le personnel de la filiale Amaury. Quelque chose se tramait. Et la rumeur enfla. « Il s'est ensuite dit que Lance Armstrong était passé à l'acte, qu'il avait racheté des parts d'ASO », poursuit notre interlocuteur. Un chiffre circula même ! « On parlait de 42 %, se souvient-il. C'était la panique. »

Sans le savoir, Lance Armstrong avait cette fois créé une psychose… à l'insu de son plein gré. Psychose entretenue par le fait qu'un important groupe américain avait effectivement mis en place un partenariat avec ASO depuis juin 2008 [1].

Armstrong lorgne sur le Tour

Les craintes d'un rachat du Tour de France par Lance Armstrong et des hommes d'affaires américains étaient pourtant bien réelles. Et continuent à l'être. Quatre jours après que le coureur se fut fracturé la clavicule droite sur une route

---

1. ASO et le géant californien AEG, filiale de « The Anschutz Company », spécialisée notamment dans l'organisation d'épreuves sportives, comme le Tour cycliste de Californie, épreuve du calendrier Pro Tour, et de spectacles, ont conclu un accord d'assistance réciproque pour les ventes des droits de leurs épreuves aux médias et aux sponsors.

d'Espagne pendant le Tour de Castille-et-León, un article paru dans le sérieux quotidien économique américain *The Wall Street Journal* du 27 mars 2009 confirmait les desseins à grande échelle du Texan. Le journaliste Reed Albergotti raconte en effet qu'à l'automne 2006 Lance Armstrong s'impliqua personnellement dans une tentative de réorganisation du… cyclisme mondial qui passait par une mainmise sur le Tour. Lance Armstrong et son agent de toujours Bill Stapleton avaient rencontré dans un bar de Manhattan David Williams, manager d'un «hedge fund» [1] – ainsi que, plus surprenant, l'acteur américain Jake Gyllenhaal –, pour évoquer la nécessité d'une nouvelle structure mondiale du cyclisme. Pour Lance Armstrong, cet organe central ne pouvait fonctionner qu'en devenant propriétaire du Tour de France, évalué par les analystes financiers à 1,5 milliard de dollars (1,2 milliard d'euros), bien que la famille Amaury ait fait savoir à plusieurs reprises que son épreuve n'était pas à vendre [2]. «Selon son agent Bill Stapleton, est-il écrit dans cet article, M. Armstrong a émis l'idée d'acheter le Tour avec l'aide d'investisseurs américains.» Un projet qui n'arriva pourtant pas aux oreilles de Patrice Clerc, alors le patron d'ASO: «Je n'ai jamais entendu parler d'une telle offre, nous précisa-t-il. En tous les cas, elle ne m'a pas été transmise.» Quoi qu'il en soit, l'un de ces investisseurs, l'Américain Thomas Weisel, proche de Lance Armstrong depuis qu'il avait financé sa deuxième équipe cycliste, l'US Postal, reconnaît dans cet

1. Les «hedge funds», appelés aussi fonds alternatifs, sont des fonds d'investissement qui fonctionnent sur une spéculation agressive sur les marchés. Ils sont très peu réglementés et ont contribué à la crise financière et économique que l'on connaît.
2. Le groupe Amaury avait notamment repoussé une offre de prise de participation du fonds de pension néerlandais CVC Partners, mandaté par le Belge Vandenhaute, en janvier 2007.

article que « Lance devait être au cœur de ce projet, sinon ça ne pouvait pas marcher ».

Lance Armstrong et ses partenaires – qui ont formé un cercle d'investisseurs appelé « le club des champions » – entendaient profiter à l'époque des dissensions violentes opposant l'UCI à ASO pour créer une nouvelle entité mondiale, à l'image des ligues américaines comme la NHL pour le hockey sur glace, la NFL pour le football américain, la NBA pour le basket-ball ou la NASCAR pour le sport automobile. Des ligues fermées, contrôlées par un petit cercle de businessmen, œuvrant en autogestion, libres d'optimiser le potentiel économique et de contrôler leur sport sans avoir de comptes à rendre. Loin, donc, du modèle des fédérations internationales comme l'UCI, qui gère le cyclisme sans posséder les épreuves ni les droits de télévision, ni le marketing qui va avec.

Toujours prompt à réagir, Lance Armstrong avait tapoté sur son Twitter [1] un démenti mollasson le lendemain de la parution de l'article : bien qu'il l'ait lui-même reconnu au micro d'ESPN le 1er novembre, il niait à nouveau s'être intéressé au rachat du Tour de France tout en précisant qu'un « sport unifié est terriblement séduisant. Comme la F1 [2] ».

La F1 (Formule 1) est la seule discipline sportive mondiale dont le pouvoir économique échappe à sa fédération internationale (FIA) puisqu'elle est contrôlée depuis 1981 (et les « accords Concorde ») par l'Anglais Bernie Ecclestone, considéré par les magazines spécialisés comme la sixième fortune de Grande-Bretagne. La F1 est le modèle continuellement prôné

1. Réseau social par Internet qui permet à ses utilisateurs de bloguer par de brefs messages (140 caractères maximum).
2. *Boulder Report*, 27 mars 2009.

par Hein Verbruggen, l'ancien patron de l'UCI. La F1 est le modèle qui revient dans la bouche de Lance Armstrong, lui qui, jure-t-il, n'a pas rencontré Hein Verbruggen depuis deux ans [1]...

Même son agent Bill Stapleton contredisait son héros dans les colonnes du *Wall Street Journal* : « En tant que champion et homme avisé, M. Armstrong a l'influence nécessaire et la capacité de diriger un modèle et un business avec des gens capables de l'aider. » Armstrong, le prochain président de la World Cycling Company ? Depuis 2006, deux éléments sont venus contrarier ces plans : l'UCI et ASO ont finalement conclu un accord de paix et la crise financière et économique a refréné les ardeurs. Pour autant, les ambitions de contrôle du cyclisme de Lance Armstrong ne sont pas éteintes. « Les problèmes fondamentaux du sport – et notamment l'existence d'un organisme centralisateur – ne sont pas établis, rendant de fait cette idée en suspens, expliquait encore Bill Stapleton. Tant qu'une stimulation économique basée sur un organe central et les droits de télévision n'est pas mise en œuvre, le problème demeure. » Et si le moment de passer à l'attaque n'est pas programmé, Bill Stapleton est clair sur les intentions de son protégé : « Lance reste intéressé par l'idée de créer une organisation qui gérerait le cyclisme mondial, dont le Tour de France ferait partie. » Ce qui ne va pas tranquilliser les dirigeants du groupe Amaury...

ASO demeure cependant la proie d'une permanente morosité. L'hypothèse de passer de l'employeur parisien Patrice Clerc au fantasme de l'employeur texan Lance Armstrong

---

1. Déclaration dans *L'Équipe* du 20 janvier 2009 : « Je n'ai pas parlé à Hein Verbruggen depuis... deux ans. »

en avait déstabilisé plus d'un. Quoi qu'il ne s'en soit jamais ouvert, le directeur général du Tour de France, Christian Prudhomme, n'était pas le plus rassuré de tous. Pour avoir soutenu ardemment la lutte antidopage d'ASO, aux côtés de Patrice Clerc et de Gilbert Ysern depuis sa prise de fonction en 2005, la nouvelle redistribution des rôles et la politique de sa société ne le confortaient guère. « Il est probablement le plus emmerdé de l'histoire, consent un de ses proches. Christian est un mec bien, il a le cul entre deux chaises. Maintenant, il avale couleuvre sur couleuvre. Cela étant, il ne survivra pas à une question de fond sur le plan éthique. Christian est un journaliste à la base, il est décalé dans le monde de l'entreprise et n'a pas cette vision affairiste du sport. Il ne vendra jamais son âme, j'en suis sûr. »

C'est qui le patron ?

Si le parcours de l'édition 2009 et le grand départ prévu à Monaco lui reviennent, quelle est son emprise sur la marche du Tour depuis les nominations à la tête d'ASO en octobre 2008 ? « Christian est réduit à un rôle de logistique, soupire l'un de ses proches. D'ailleurs, il n'est pas convié aux réunions qui déterminent les choix stratégiques d'ASO. »

Cette tâche est désormais dévolue à Jean-Étienne Amaury. À 32 ans, cet homme n'est pas que le « fils de ». Centralien, il a obtenu un MBA à l'Université américaine de Stanford et est passé par le groupe d'informations financières Bloomberg avant de revenir dans la maison… mère en 2006 en tant qu'administrateur, directeur d'études et de développement. Le patron, c'est donc lui. Ceux qui le connaissent – et qui veulent bien en parler – louent sa capacité de travail, son sens de la réflexion, sa mesure. Les mêmes sont plus circonspects sur son aptitude à imposer ses vues à des interlocuteurs qu'il ne connaît pas, dans un milieu qu'il ne connaît pas. « Il tient beaucoup de son père mais reste sous l'emprise de sa mère, rapportent-ils. C'est un garçon timide, introverti, qui ne sait pas affronter les gens, arrive à des heures décalées au siège, ne parle pas à grand monde », nous dit-on. « Il est frais, n'est pas pollué par les parasites qui obstruent le sport », nuancent d'autres voix. « J'ai appris à le connaître depuis sa prise de fonctions, nous précise un dirigeant cycliste. Jean-Étienne est effectivement peu prolixe mais il est dans une phase d'analyse. Il cherche à comprendre comment ça marche, quels sont les problèmes, les rapports de forces. J'ai confiance. »

D'autres déclarent encore : « Il se retrouve sans doute à ce poste un peu malgré lui. Jean-Étienne est un garçon agréable mais, les contacts, ce n'est pas son truc. Je me souviens qu'il avait dû organiser des journées de rencontres avec les grands industriels français avant le Paris-Dakar 2008. Mais il n'est pas venu, ça ne l'intéresse pas. » Ce rejet n'est pas une tare, mais cet effacement induit que d'autres peuvent combler ses absences. Ainsi, à notre connaissance, il n'a accordé qu'un seul entretien (conjoint) à la presse depuis sa prise de fonctions. Il a pour ainsi dire laissé parler Christian Prudhomme à sa place lors de la présentation officielle du Tour 2008, en octobre, alors que ce discours établissant la ligne de conduite du Tour lui revenait de droit.

Alors, patron, Jean-Étienne Amaury? L'intéressé avait laissé planer le doute lors de son passage médiatique obligé du 2 octobre 2008. À la question : « Vous avez laissé entendre que vos fonctions vous appelaient plutôt au niveau du groupe Amaury ; vous n'êtes donc que de passage à la direction du Tour ? » La réponse du boss était sibylline : « On étudie comment organiser l'entreprise pour qu'elle fonctionne au mieux. À l'issue de cette période, nous verrons comment cela se passe.»

Dans les faits, c'est-à-dire les réunions ou les prises de décision principalement, le doute reste encore permis. «Parfois, sur un dossier, il reconnaît qu'il n'est pas encore au point et laisse le soin à un autre de prendre les directives», admettait en janvier 2009 un homme de la maison. Un autre? «KRZ. C'est lui qui dirige la boîte avec, à ses côtés, Yann Le Moenner, son fils spirituel, passé de chargé du département marketing, médias et juridique d'ASO à celui de directeur général. D'ailleurs, il est arrivé lors de quelques réunions que KRZ appelle Hein Verbruggen.»

En outre, Marie-Odile Amaury et Alain Krzentowski ont été vus début février 2009 dans un restaurant parisien en compagnie de Hein Verbruggen. Et Jean-Étienne Amaury n'en était pas.

Un passeport en cours d'invalidité

«Le doute sur [la] venue [de Lance] au Tour tenait au fait qu'il voulait savoir qui allait faire les contrôles. Si l'AFLD avait été en charge des contrôles, le nécessaire aurait été fait pour le contrôler au maximum et ça, il le savait[1].»

La réflexion de Christophe Bassons, qui avait abandonné le Tour 1999 sous les intimidations de Lance Armstrong, avait le mérite de dire tout haut ce que le monde cycliste pensait tout bas. Et pour être devenu depuis un agent régional de l'AFLD, l'ancien «M. Propre» pouvait se faire une idée de ce qui aurait pu attendre le coureur américain.

1. Déclaration faite sur le site Velo101, 26 décembre 2008.

La gestion des contrôles antidopage et le choix des coureurs pistés sur le Tour ont été l'objet de vives tensions entre l'UCI et l'AFLD. En raison du conflit qui opposa l'UCI à ASO, cette responsabilité avait été assumée pour la toute première fois par l'Agence française de lutte contre le dopage sur l'édition 2008. Et sept coureurs en avaient fait les frais. Mais une fois l'accord de paix signé en août 2008 entre ASO et l'UCI, la fédération internationale voulut reprendre la main. Ce que Pierre Bordry, soutenu entre autres par Bernard Laporte, la fédération française et la classe politique, refusa. « Il n'est pas question de repartir comme en 2007 avec l'UCI en charge de la stratégie des contrôles, et l'AFLD en simple sous-traitant pour faire les prélèvements et les analyses[1]. » Et pour marquer sa désapprobation, le président de l'AFLD déclina l'invitation qui lui avait été faite de se rendre à la présentation officielle du Tour 2009, le 22 octobre 2008. Trois jours avant cette date, Pierre Bordry avait déjeuné avec Marie-Odile Amaury, Martin Desprez et Alain Krzentowski. « C'est là qu'ils m'ont expliqué que l'édition 2009 du Tour se ferait dans le cadre de l'UCI », nous expliqua-t-il. M. McQuaid leur avait dit que l'AFLD avait réalisé un bon travail en 2008, mais que l'UCI avait besoin d'elle comme sous-traitant, pas pour diriger les contrôles. Comme si 2008 n'avait jamais existé. Dans ces conditions, j'ai répondu à Mme Amaury que je ne viendrais pas à la présentation. » Une situation un rien embarrassante, décidément. D'ailleurs, ASO, par la voix de son président Jean-Étienne Amaury, avait prévenu : « L'accord [avec l'UCI] n'aura de sens que si ces combats continuent d'être menés dans un élan concerté », assura-t-il le jour de la présentation officielle.

1. Sur Eurosport, le 23 octobre 2008.

Après le conflit avec une société privée (ASO), un autre bras de fer opposait maintenant l'UCI aux institutions françaises. Présent dans les travées du Palais des Congrès, le président de l'UCI, Pat McQuaid, s'offusqua : « On me dit que M. Bordry n'est pas là aujourd'hui pour protester, parce qu'il voudrait que l'UCI soit réduite au simple rôle d'organisme chargé des sanctions. Ça, c'est inacceptable pour l'UCI. Nous sommes l'autorité internationale responsable de la lutte antidopage dans le cyclisme, pas seulement en France mais partout dans le monde. Nous ferons notre travail et nous le ferons bien. Je ne vois aucune raison pour eux de contester cela. » Contester quoi ? Le fait de reléguer la mission de l'AFLD au rôle simpliste de prélever les échantillons des coureurs désignés par l'UCI, de les analyser et de remettre les résultats à l'UCI, qui aurait seule la responsabilité de les communiquer aux intéressés.

Mais, droit comme la justice, Pierre Bordry n'en démordit pas. « Nous avions réalisé un travail crédible sur le Tour 2008, nous expliqua-t-il en janvier 2009. Je veux recommencer comme l'année dernière, c'est-à-dire procéder notamment à des contrôles ciblés inopinés. Je voudrais que nos collaborateurs travaillent ensemble par le biais d'une convention, comme nous l'avons fait avec la fédération internationale de ski pour les Mondiaux de ski à Val-d'Isère [en février 2009]. Avec l'UCI, je veux le définir par écrit. Si on ne tombe pas d'accord, je ne le ferai pas [en tant que simple prestataire]. » Un acteur du dossier fait au plus court : « Ce que veut l'UCI, c'est piloter et ordonner le ciblage des coureurs. Ce que veut Bordry, c'est piquer Lance Armstrong trois fois par jour. L'UCI le sait et c'est bien pour cela qu'elle ne souhaite pas déléguer. »

L'entêtement de Pierre Bordry tient à trois raisons : une

efficacité saluée par tous de l'AFLD sur le Tour 2008, une comparaison chiffrée, une perspective incertaine. En un mois de temps, sept coureurs avaient été confondus pour dopage, dont six à l'EPO [1]. De 2003 à 2007, sous la responsabilité de l'UCI, ils n'avaient été que quatre en cinq éditions [2]. Quant à la perspective incertaine, elle concerne la viabilité de «l'arme fatale», ou présentée telle, qu'est le passeport sanguin [3]. En octobre 2007, à l'occasion d'un forum présidé par la ministre Roselyne Bachelot à Paris, il avait été convenu entre les partenaires concernés (AMA, UCI, ministère de la Jeunesse et des Sports, ASO) de rendre opérationnel ce système dissuasif: tous les coureurs de toutes les équipes du Pro Tour se soumettraient aux exigences de cette méthode indirecte de détection, fondée sur l'évolution des profils sanguins des athlètes afin de repérer d'éventuelles anomalies.

Officiellement mis en place depuis le début de l'année 2008, le fameux passeport a davantage livré des inquiétudes que des résultats. «Le passeport sanguin devait être la solution pour repérer les profils anormaux avant le Tour et le Giro 2008», rappelle Pierre Bordry. Et si le Tour de France 2008 a révélé des cas positifs à l'EPO selon la méthode de dépistage de l'AFLD, il n'en fut rien sur les Tours d'Italie, d'Espagne et le championnat du monde cette année-là, quand l'UCI était aux manettes. «Il est étonnant, feint-il de croire, que

1. Quatre à l'EPO troisième génération, appelée CERA: les Italiens Ricco et Piepoli, l'Allemand Schumacher, l'Autrichien Kohl; deux à l'EPO première génération: les Espagnols Beltran et Duenas.
2. Les Espagnols Heras et Llorente, le Suisse Camenzind, le Lituanien Rumsas.
3. On parle d'un passeport sanguin, ou hématologique, mais en aucun cas d'un passeport biologique puisque l'étendue des paramètres aux analyses urinaires n'a finalement pas été retenue.

les quatre coureurs dopés à la CERA[1] n'aient pas été pris sur d'autres courses. » Et de dispenser ses doutes : « Que s'est-il passé sur ces courses ? Les seuls contrôles positifs l'ont été en France. Il y a quelque chose d'étrange quelque part[2]. [...] J'aimerais également comprendre comment les coureurs que nous avons contrôlés positifs pendant le Tour ont pu passer à travers le passeport sanguin mis en place par l'UCI[3] ». Et d'ironiser : « Peut-être que le passeport sanguin ne détecte pas l'EPO... »

Et peut-être, laisse-t-il encore entendre, que tout n'est pas fait pour épingler les tricheurs. « Pourquoi prévenir les coureurs qu'ils vont être contrôlés avant la fin de l'étape ? » se demande Bordry, sachant que les coureurs prévenus ont le temps de prendre des produits « qui leur permettent d'éviter un contrôle positif[4]. [...] Nous avons tous vu Ricco sur la ligne d'arrivée à Cholet [le 8 juillet, date du contre-la-montre]. Il s'est enfui. Il a fallu le rattraper. [...] Quand des officiels de l'AFLD ont attrapé Ricco, ils ont vu qu'il utilisait quelque chose « comme une crème ou une poudre blanche... ».

Pour un « acharné des faits », voilà qui laisse songeur. Peut-être avait-il cédé au cumul des présomptions.

Saignés à blanc

On avait cru en effet percevoir une différence de vue sensible entre l'AFLD et l'UCI, ne serait-ce que quantitativement.

---

1. EPO dite de troisième génération. Les quatre coureurs en question ont été confondus trois mois après le Tour, par des analyses rétroactives.
2. Déclaration faite à Associated Press, le 23 octobre 2008.
3. *Le Monde*, 22 octobre 2008.
4. Associated Press, 23 octobre 2008.

Là où Pierre Bordry avait révélé en octobre 2008 que, en vertu d'un mode de dépistage propre à l'AFLD, l'agence française était en possession « d'indices sérieux de cas d'autotransfusions sanguines sur le Tour 2008 [1] », une « trentaine [2] », précisera-t-il plus tard, Pat McQuaid avança à pas comptés dans le recensement selon les paramètres du passeport sanguin : « C'est un petit nombre. Mais je ne sais pas si c'est 1, 2, 3, 4, 5 ou 6, et je ne veux pas le savoir avant que nos spécialistes me disent que nous sommes prêts à l'annoncer [3]. »

Un différentiel comptable qui s'était déjà fait jour lors des tractations autour de la mise en place du passeport sanguin, de fin 2007 à mi-2008. Entre les représentants des quatre instances appelées à plancher sur la question – l'AMA, l'UCI, ASO et le ministère de la Santé, de la Jeunesse et des Sports [4] – au sortir de l'apocalyptique Tour de France 2007 [5], chaque partie avait tout intérêt à trouver un terrain d'entente pour mettre un terme au discrédit général : l'AMA, car c'était de son initiative et de son rôle ; l'UCI, pour montrer ses bonnes dispositions ; ASO, pour trouver l'argument qui lui ferait dire que le Tour 2008 serait irréprochable ; le ministère, pour jouer les acteurs de la réconciliation.

Dès lors, une réunion mensuelle fait se retrouver les délégués des parties prenantes à Paris ou à Lausanne, au siège de l'AMA. L'un d'eux nous a exposé l'évolution d'un accord…

---

1. AFP, 8 octobre 2008.
2. Le Pr Michel Audran tempère cette annonce : « Cette trentaine de cas » s'explique par « la rigidité des barèmes et la fourchette basse établie dans les paramètres d'analyse ».
3. AFP, 19 février 2009.
4. Devenu depuis le secrétariat d'État aux Sports.
5. Exclusion des équipes Astana et Cofidis suite aux faits de dopage respectifs de Vinokourov et de Moreni, exclusion du Danois Rasmussen (alors maillot jaune), désertion des chaînes allemandes.

conclu sur un échec : « On a beaucoup bossé sur le dossier, commence-t-il, et j'ai vraiment eu le sentiment que l'UCI freinait des quatre fers pour la mise en opération. Certes, le ministère ou l'AMA peuvent intervenir auprès de l'UCI, mais ils n'ont aucun pouvoir de lui imposer quoi que ce soit. Au moins s'était-on entendu sur un point : la désignation d'experts indépendants, une dizaine, sans attache hiérarchique avec l'UCI. »

Puis est venue la question du financement du passeport sanguin : « La participation française, répartie en trois tiers entre le ministère, ASO et la Fondation du sport[1], était soumise à deux conditions, poursuit notre interlocuteur : que ce passeport soit prêt pour le Tour 2008 et que l'UCI ne soit pas la seule détentrice des cas positifs. » En dépit d'effets d'annonce sur son lancement ou sa « progression en cours » – à l'image de la collaboration entre Don Catlin et Lance Armstrong –, le passeport ne fut pas opérationnel à la date souhaitée. « Finalement, les conditions n'ont pas été réunies. Des partenaires se sont alors désengagés et l'argent n'a pas été versé à l'UCI. Le secrétariat d'État chargé des sports a alors choisi de faire bénéficier l'AMA de ses 200 000 dollars plutôt que l'UCI. » Résultat : « L'UCI perdait une mise de fonds[2] mais gagnait le pilotage et la connaissance exclusive des informations », admet notre informateur. A-t-il finalement eu l'impression que la politique de l'UCI jouait sur un pourrissement de la situation ? « Oui, on peut le voir ainsi », concède-t-il.

1. La montant total de cette participation était de 1 million d'euros.
2. Le coût total de la mise en application du passeport sanguin est de l'ordre de 5,3 millions d'euros. C'est le prix de cinq moteurs de Formule 1.

L'UCI a le sang chaud

Après le conflit UCI/ASO, le conflit UCI/AFLD, voilà qu'un (nouveau) différend apparaît entre l'UCI et l'AMA. Lorsque notre interlocuteur reconnaît de manière lapidaire que « les conditions n'étaient pas réunies », il glisse sur le fait qu'une action en justice opposant l'UCI à Richard Pound [1] était sur le point d'être enclenchée, entravant de fait cette possible collaboration. Mais, au-delà de ce point d'achoppement, l'UCI et l'AMA ne sont pas synchronisées.

Le Pr Michel Audran fait partie depuis juin 2008 de ce comité d'experts [2] qui travaillent sur l'élaboration minutieuse du passeport sanguin, initié par l'AMA et poursuivi par l'UCI. Ce passeport réclame une sécurisation unanime de leurs décisions, dans l'hypothèse d'une contestation juridique. Au vu de ses convictions comme de ses antécédents, il serait indécent de mettre la parole du Pr Audran en doute. Selon lui, le problème entre les deux instances provient d'une différence d'intervention : « L'UCI veut le mettre en place dès que possible, mais l'AMA prend son temps, assure-t-il. Ça s'explique par le fait que l'UCI évolue sur un seul et même sport et sur une population homogène, de type caucasien, qui réduit le champ d'action. Ce qui n'est pas le cas d'autres disciplines, l'athlétisme notamment. De fait, l'AMA se montre très prudente et est rétive à l'idée que l'UCI la devance pour

1. L'UCI, *via* Hein Verbruggen, a engagé un procès en diffamation contre l'ancien président de l'AMA. Le procès, initialement prévu en novembre 2008, a été repoussé à l'automne 2009.
2. Ce comité est composé de dix experts : trois Italiens, deux Australiens, deux Français (les professeurs Michel Audran et Olivier Hermine), un Allemand, un Suédois et un Sud-Africain.

des problèmes d'ordre juridique, dans le cas où un athlète pris et sanctionné *via* le passeport sanguin, donc une méthode indirecte, viendrait à la poursuivre en justice. »

Pour autant, Pierre Bordry ne désarme pas. En novembre 2008, il reconnaît avoir fait parvenir « une lettre à Pat McQuaid pour qu'on mette les choses au point pour le prochain Tour de France ». Et consent à mettre de l'eau dans son vin : « Ce que je souhaite, ce n'est pas forcément de diriger les contrôles, mais que l'UCI tienne compte de ce qui s'est passé en 2008. Ce qui me préoccupe, c'est d'avoir des contrôles efficaces. Si je constate que les contrôles diligentés par l'UCI sont efficaces, je peux faire le travail [de prestataire]. Si j'ai l'impression que l'UCI ne bouge pas par rapport à 2007, je ne le ferai pas. Je le dis clairement. Il faut des garanties très sérieuses sur la lutte antidopage. » Pour lui comme pour la patronne du groupe Amaury : « Mme Amaury souhaite qu'on trouve avant le Tour. C'est pour ça que le passeport sanguin lui va bien. » Et comme pour Bernard Laporte, qui, mi-janvier, « souhaite une dérogation pour que l'agence française reste maîtresse d'œuvre et non simple exécutante des choix de l'UCI [1] ».

Selon un acteur du dossier qui connaît bien l'UCI, la position inflexible de Pierre Bordry est intolérable aux yeux de la fédération internationale. « Pour ses dirigeants, explique-t-il, la lutte antidopage n'est pas menée dans le but de chasser les tricheurs, mais d'être au courant de ce qui se fait. Pour eux, un Bordry qui ne dit rien et agit inopinément, c'est proprement insupportable. Ils veulent par exemple savoir trois jours avant que Ricco est limite pour faire en sorte qu'il

1. *Sud-Ouest*, 4 février 2008.

abandonne. Dès lors, il n'est pas acceptable que Bordry soit là autrement que comme un prestataire de service. Dans ce cas de figure, l'antidopage n'est pas un outil de répression ou de sanction, mais de précaution. Pour eux, il n'est pas question par exemple que Lance Armstrong soit positif, jamais, même bourré jusqu'à la gueule. »

Des échantillons 2008 inexploitables !

Deux mois plus tard, dans la troisième semaine de janvier 2009, le président de l'AFLD put rencontrer l'Irlandais à Paris. « C'était cordial », se borne-t-il à répondre en bon gentleman. Pierre Bordry va alors chercher un document sur son bureau : il fait valoir « un argument juridique » émanant du dernier code mondial antidopage pour obtenir gain de cause[1]. Mais sans le dire, il n'y croit guère. « Techniquement, M. McQuaid peut se passer de nous, nuance-t-il. Comme le fait Roland-Garros[2]. »
En 2008, l'AFLD avait reçu l'autorisation de l'AMA et de

---

1. L'article 15.1.1 du code mondial antidopage stipule que « si une organisation antidopage, qui n'est pas responsable d'initier et de réaliser les contrôles lors d'une manifestation, désire effectuer des contrôles additionnels sur un ou plusieurs sportifs à l'occasion de la manifestation et pendant la durée de la manifestation, l'organisation antidopage doit d'abord s'entretenir avec l'organisation responsable sous l'égide de laquelle la manifestation est organisée afin d'obtenir la permission d'effectuer les contrôles additionnels et de coordonner ceux-ci. Si l'organisation antidopage n'est pas satisfaite de la réponse de l'organisation responsable de la manifestation, elle peut demander à l'AMA la permission d'effectuer des contrôles additionnels et de déterminer la façon de coordonner ces contrôles additionnels. L'AMA n'approuvera pas ces contrôles additionnels sans consulter et en informer d'abord l'organisation responsable de la manifestation ».
2. L'analyse des échantillons sur le tournoi de Roland-Garros est confiée à un laboratoire suédois, IDTM.

l'UCI de pister des coureurs étrangers hors de France dès le mois de mai. En 2009, c'est loin d'être gagné. Une collaboration entre les deux instances a bien été signée le 6 mars 2009 à Paris mais elle ne concernait que la gestion des contrôles sur le Paris-Nice qui débutait deux jours plus tard. « Notre collaboration pour la suite, et notamment le Tour, dépendra de la manière dont on a pu coopérer », glissait dans la coulisse Pierre Bordry. D'après nos informations, si les responsables antidopage de l'UCI sont depuis toujours sur la même longueur d'onde que leurs homologues de l'AMA ou de l'AFLD, la question d'une coopération pleine et entière bute encore au niveau décisionnel.

Il reste que le président de l'UCI s'était montré moins affirmatif pour annoncer la date d'application du passeport sanguin, qui a désormais pratiquement deux ans d'âge. Lorsque Anne Gripper, la responsable antidopage de l'UCI, avait admis en octobre 2008[1] que le projet avait pris du retard, Pat McQuaid avait commis comme un lapsus, lui qui n'eut de cesse d'annoncer un feu vert imminent depuis octobre 2008 : « Nous ne sommes pas en retard car il n'y a pas de calendrier et il n'y a jamais eu de calendrier[2]. »

Ce qu'il oublie de dire, c'est que bon nombre des échantillons recueillis dans le cadre de ce passeport sanguin sont peut-être bons à... mettre à la poubelle ! En effet, pour sécuriser le procédé et se mettre à l'abri de toute procédure en

1. Déclaration faite sur Eurosport, le 9 octobre 2008 : « Nous en sommes aux prémices du passeport biologique. C'est un énorme chantier [...] il faut qu'on y aille prudemment. On doit être patients. [...] Nous avons essayé d'obtenir un maximum d'informations sur les coureurs en effectuant notamment des contrôles hors compétition. Malheureusement, nous sommes souvent à leur recherche pour pouvoir les faire. »
2. Source cyclingnews.com, novembre 2008.

justice, l'AMA a demandé que les échantillons fassent l'objet d'une double analyse consécutive ! Or, une bonne partie des échantillons collectés en 2008 n'a eu droit qu'à une seule analyse et ce nouveau mode opératoire ne s'est enclenché qu'en décembre 2008. « Ils risquent de ne pas être exploitables », reconnaît un acteur du dossier. « En outre, en doublant les analyses, il sera procédé à moins d'analyses et ça coûtera beaucoup plus cher que prévu. »

Ce que reconnaissait à demi-mots Pat McQuaid lorsque nous l'avons questionné sur le sujet début mars 2009 : « Oui, certains seront inutilisables, soupirait-il, mais un tout petit nombre, s'empressait-il d'ajouter. Que voulez-vous, les règles de l'AMA changent tout le temps… »

Alain Garnier, le directeur médical de l'AMA, tenait toutefois à maîtriser l'incendie : « Nous avons effectivement harmonisé des protocoles standards d'approche qui mentionnent qu'il est préférable de procéder à une double analyse, précise-t-il. Certains laboratoires le faisaient, d'autres pas. » Mais comme « il reviendra à la fédération internationale l'entière responsabilité d'instruire un dossier en cas de profil anormal en s'appuyant sur les certitudes de ses experts », on peut comprendre que les départements juridiques y regardent à deux fois avant de se lancer : bien des avocats de coureurs se sont engouffrés dans la plus petite faiblesse procédurale et le cas Floyd Landis notamment avait marqué les esprits comme les portefeuilles. « Techniquement, le passeport sanguin est opérationnel ; juridiquement, il reste à valider », nous confirmait Pat McQuaid début mars 2009. « La première fédération internationale qui décidera de se lancer prendra le risque de se retrouver devant le TAS, et c'est la jurisprudence du TAS qui déterminera à terme la validité du passeport », précise un acteur du dossier. Alors, selon lui, ce passeport sanguin pourra-t-il être en vigueur pour le Tour de France 2009 ? « Je l'espère. »

Dès lors, on comprend mieux pourquoi Pat McQuaid n'a pas de certitude sur le « calendrier », et que le passeport sanguin pourrait bien ne pas être applicable pour le Tour de France 2009, ce qu'il dément. En revanche, le président de l'UCI est sûr d'une chose : « Je ne pense pas qu'il y aura en 2009 de grands scandales impliquant des coureurs majeurs comme ces dernières années [1]. » Foi de McQuaid. Mais au fait, une fois mis en vigueur, le passeport sanguin sera-t-il fiable ? La réponse du Pr Audran, qui participe activement à sa mise en place, est à double tranchant : « C'est le summum de ce qui peut être fait aujourd'hui. Même si on peut passer à travers. »

Détecteur de mensonge

Le 19 février 2009, en marge du Tour de Californie, nouvelle épreuve du calendrier du Pro Tour qui accueillait Lance Armstrong et quelques bannis de retour (comme Floyd Landis, Tyler Hamilton), Pat McQuaid s'était montré très confiant sur la saison cycliste qui débutait : « Je crois que 2009 sera une bonne année pour le cyclisme. » Le président de l'UCI avait même débordé d'enthousiasme en évoquant la lutte antidopage : « Les contrôles positifs à l'EPO CERA cet été sur le Tour de France [2008] ont été un merveilleux message envoyé au monde du sport.

1. Déclaration faite à Clovis, en marge du Tour de Californie, le 19 février 2009.

Personne ne peut croire quelqu'un qui lui dit qu'un produit est indétectable [1]. »

Aucun produit n'est indétectable ? Que penser alors des certitudes de nombreux scientifiques, à commencer par le Pr Michel Audran, membre du comité d'experts de… l'UCI et travaillant sur le passeport sanguin ? « Il existe environ 70 à 75 EPO différentes sur le marché, explique-t-il, celles qu'on appelle biosimilaires. Toutes ou presque sont détectables, mais le test de lecture trop rigide de l'AMA ne lit pas toutes les variations moléculaires et ne peut pas dès lors les rendre positifs. On a détecté l'EPO première génération, l'EPO deuxième génération (Aranesp), l'EPO troisième génération (CERA) mais, finalement, peu de cas à l'EPO ont été sortis. Ce qui prouve que les coureurs savent bien l'utiliser. »

Neil Robinson, le responsable des analyses EPO du labo de Lausanne, avait lui aussi annoncé cette lacune : « L'EPO première génération a encore de beaux jours devant elle. Les brevets liés à sa production sont devenus caducs. Conséquence : les pays de l'Est et d'Asie en produisent et en vendent. La molécule fabriquée dans ces pays émergents est semblable mais pas identique à celle que l'on connaît. »

Et l'hormone de croissance ? « Il existe un kit de détection, poursuit Michel Audran, mais le dépistage direct n'a jamais confondu un athlète. Il fonctionne mais la fenêtre de détection est d'un jour et demi maximum. Autant dire qu'il faut tomber au bon moment lors d'un contrôle inopiné. »

1. AFP, 19 février 2009.

Et l'autotransfusion autologue [1] ? « Pour le moment, il n'y a rien. »

Pierre Bordry estime pour sa part que « la liste des produits interdits est une liste fermée. Il n'est pas mentionné que telle variante de molécule est interdite par exemple ».

Le conseiller scientifique de l'AFLD, Michel Rieu, avait d'ailleurs établi un bilan des dernières évolutions en matière de pratiques dopantes et de produits impliqués dans leur mise en place, bilan qui fut remis au groupe parlementaire « Éthique et dopage dans le sport » le 16 avril 2008. Les difficultés de détection étaient ainsi énumérées :

« L'EPO, dont la détection devient de plus en plus difficile en raison de la sophistication et de la précision croissantes des protocoles suivis par certains athlètes.

L'EPO "biosimilaire" qui, en raison de légères différences moléculaires, ne répond pas aux critères des tests actuellement validés par l'AMA.

Les autotransfusions sanguines, qui ne sont pas détectables à l'heure actuelle.

L'hormone de croissance, dont la fenêtre de détectabilité est extrêmement courte (de 30 à 60 minutes après l'absorption), et dont il est difficile de déterminer le caractère exogène ou endogène.

Les thérapies cellulaire et génique. »
Qui va prévenir Pat McQuaid ?

---

1. Injection de son propre sang, à la différence de la transfusion homologue, effectuée *via* un donneur.

Les politiques montent au créneau

« Les parlementaires français ont fait savoir qu'ils ne comprendraient pas que l'AFLD ne soit pas associée à la direction des contrôles [du Tour de France 2009]. » En prenant à témoin une partie de la classe politique française, Pierre Bordry sait de quoi et de qui il parle. Sa longue expérience dans diverses institutions de la République l'a amené à côtoyer les élus de tous bords depuis une trentaine d'années. Chacun a son réseau et celui de Pierre Bordry ne rentre pas dans le répertoire d'un téléphone portable. « Tous les partis politiques nous soutiennent pour que nous participions aux contrôles sur le Tour 2009 », nous a-t-il fait savoir.

Le président de l'AFLD avait déjà activé son entourage pour revoir à la hausse un budget 2009 que Roselyne Bachelot avait pourtant annoncé à la baisse[1]. Mais lorsque le différend avec l'UCI sur la gestion et le ciblage des coureurs du Tour de France 2009 est apparu au grand jour en octobre 2008, le personnel politique est monté d'un cran.

Le 6 décembre 2008, à l'occasion du vote du budget du sport, plusieurs voix s'étaient exprimées pour le renforcement de l'action de l'AFLD, sur les véritables intentions de l'UCI, comme sur le retour de Lance Armstrong annoncé trois mois plus tôt. « Que dire aussi du retour annoncé, à trente-sept ans, de Lance Armstrong dans le peloton du Tour de France ? avait clamé au micro le sénateur du Vaucluse Alain Dufaut. Les résultats de ses contrôles à l'EPO en août 2005 et la suspicion qui pèse sur ses victoires passées

---

1. Le budget 2009 de l'AFLD est de 7,6 millions d'euros, avec la possibilité de puiser dans le fonds de roulement.

me conduisent à douter que ce soit une bonne chose pour l'image du Tour de France. »

Que ce soit à l'Assemblée nationale ou au Palais du Luxembourg, la question sportive n'est plus considérée comme un passe-temps relégué en fin de journée parlementaire. Si le quotidien *L'Équipe* est le plus demandé aux kiosques des deux assemblées représentatives – « on se l'arrache tôt le matin », sourit le sénateur Dufaut –, le sport soulève trop de questionnement pour ne pas faire désormais partie intégrante des sujets de société.

À l'Assemblée nationale, un groupe d'études « Éthique et dopage dans le sport » s'est donc créé en avril 2008, composé d'une quarantaine de parlementaires (sur 577) de tous partis. La chambre du Sénat compte moitié moins d'élus (341), mais si le sport est traité dans la commission... des affaires culturelles (au même titre que la francophonie, les médias, l'enseignement...), ils sont une dizaine d'élus à plancher régulièrement sur les textes du sport. Sans oublier les nombreuses passerelles qui relient les deux chambres *via* les débats, l'examen des lois et leurs décrets d'application.

Si le monde politique a rarement élevé la voix ou pris des engagements sur les thèmes sociétaux qui se sont introduits insidieusement dans la bulle sportive depuis une dizaine d'années, les menaces qui se font désormais plus pressantes – corruption, violence, blanchiment d'argent, dopage, trafics, paris en ligne, agents véreux... – ont dégagé une unanimité dans le combat qui doit être engagé. Leurs points de vue, isolés ou méconnus, témoignent d'une inquiétude qu'il nous semblait important de rapporter.

Pour ce faire, nous avons recueilli les sentiments des trois derniers ministres des sports [1], de deux députés et de deux sénateurs sensibles au cyclisme et/ou au thème du dopage, pour se faire une idée... des leurs. Présentation (sommaire) des intervenants :

• Marie-George Buffet, 60 ans. Ministre de la Jeunesse et des Sports (1997-2002) sous le gouvernement Jospin, elle a vécu de l'intérieur les premiers grands scandales liés au dopage, notamment l'affaire Festina (1998). Réputée offensive, Mme Buffet s'est démenée, a pris ouvertement position, et est l'auteur de la loi Buffet (1999) qui a initié la création du CPLD (l'ancêtre de l'AFLD). Elle a porté le thème du dopage sur le terrain de la santé publique, et a veillé au renforcement des sanctions pénales contre les pourvoyeurs et les trafiquants. Bien que retirée pendant un temps des questions sportives – elle est actuellement députée de Seine-Saint-Denis (depuis 1997), secrétaire nationale du Parti communiste (depuis 2001) et conseillère municipale de la ville du Blanc-Mesnil (93) –, elle revient sur le terrain du sport *via* une pétition qu'elle a lancée pour défendre le mouvement sportif.

L'entretien a lieu dans son bureau, au deuxième étage de la mairie du Blanc-Mesnil, le 13 février. Impression générale : elle est toujours aussi franche et engagée.

• Jean-François Lamour, 53 ans. L'ancien ministre de la Jeunesse et des Sports (2002-2007) suit toujours de très près les dossiers relatifs au sport, en dépit de ses occupations politiques (député depuis juin 2007, président UMP du Conseil

---

1. Ceux qui, depuis l'affaire Festina en 1998, ont été confrontés aux dossiers de dopage durant leurs mandats. Par ordre chronologique, Marie-George Buffet, Jean-François Lamour et Bernard Laporte

de Paris depuis mars 2008, membre de la commission des finances depuis juin 2007). Double champion olympique au sabre (1984-1988) puis conseiller jeunesse et sports de l'Élysée de 1997 à 2002, il a très mal vécu le stratagème l'ayant évincé de la présidence de l'AMA qui lui était promise en octobre 2007. La loi Lamour (2006) a actualisé la loi Buffet (1999) en matière d'amélioration du cadre juridique, d'harmonisation avec l'AMA, et de renforcement de la surveillance (contrôles inopinés).

L'entretien a eu lieu le 4 février dans une salle de réunion du groupe UMP de l'Assemblée nationale. Impression : Lamour dit ce qu'il pense, pense ce qu'il dit, et sait beaucoup de choses ; mais il éprouve encore de l'amertume.

• Bernard Laporte, 44 ans. Le secrétaire d'État aux Sports (depuis octobre 2007) nous a reçus le 26 février 2009 dans son bureau, au sixième étage de l'immeuble planté dans le récent quartier d'affaires du 13e arrondissement parisien. Avec l'ancien entraîneur du XV de France (2000-2007), impossible d'abord de ne pas parler... rugby. « Le terrain me manque », reconnaît-il. Pas les dossiers. Il admettra avoir découvert un autre aspect du sport depuis sa prise de fonctions. « Ma vision s'est élargie et a évolué, c'était inévitable, reconnaît-il. Avant [d'être ministre], je n'avais pas une connaissance fine de l'ensemble des dossiers, des chiffres... Maintenant, je l'ai. J'ignorais par exemple qu'il y avait autant de corruption sur les paris en ligne. La réglementation que le gouvernement vient d'élaborer était une nécessité [1]. » Le dopage ? « Là aussi, il faut mettre des barrières, contrôler, réguler. »

---

1. La loi sur les paris en ligne doit être prochainement promulguée.

Impression : l'homme a le franc-parler qu'on apprécie, mais ménage sa monture et celles de ses partenaires sur un sujet qui l'occupe. On l'a connu moins langue de bois.

• Christian Hutin, 48 ans. Député apparenté PS du Nord (seul chevènementiste élu) depuis 2007, maire de Saint-Pol-sur-Mer (depuis 1995), qui se déclare « gaulliste de gauche, une espèce en voie de disparition ». Même son numéro de bureau dans les étages de l'Assemblée nationale l'y prédestinait : 68-36. Christian Hutin se définit comme « un amoureux transi du vélo ». Généraliste dans la vie civile (il exerce toujours dans sa ville), il est le médecin de la course des 4 Jours de Dunkerque depuis vingt ans. Il connaît donc ce sport de l'intérieur et préside le groupe parlementaire « Éthique et dopage dans le sport », créé en avril 2008.

L'entretien a lieu dans le bureau « 68-36 » le 19 février. Impression générale : il est franc du collier et ardent défenseur des valeurs du sport.

• Henri Nayrou, 64 ans. Député PS de l'Ariège (depuis 1997), ancien maire de La Bastide-de-Sérou (1989-2001), conseiller général (depuis 1983), rapporteur du budget des sports depuis 2007. Le sport, Henri Nayrou l'a d'abord traité par le jeu (de rugby) puis le journalisme (journaliste de *La Dépêche du Midi* dès 1967, rédacteur en chef de *Midi olympique*, l'hebdomadaire du rugby, de 1989 à 1997) avant de l'aborder par le terrain politique. Il est à la fois membre du groupe « Étude et sport », présidé par le député UMP de Côte-d'Or Bernard Depierre, et membre du groupe « Éthique et dopage » présidé par Christian Hutin.

L'entretien a lieu le 4 février entre deux doubles cafés pris à la buvette parlementaire. Impression générale : l'homme est subtil, fait preuve de recul. Comment ne pas avoir de sympathie pour le personnage ?

• Alain Dufaut, 65 ans. Sénateur UMP du Vaucluse depuis 1985, conseiller général d'Avignon depuis 1982, élu de la ville d'Avignon (il fut un temps le premier adjoint au maire), cet ancien volleyeur est le «Monsieur Dopage» du groupe UMP au Sénat et a été le rapporteur de la loi 2005 sur le dopage. Il a également défendu le budget 2009 de l'AFLD devant le Sénat. Le cyclisme fait partie de ses passe-temps occasionnels, d'autant que le mont Ventoux est l'une des fiertés du Vaucluse. «J'ai essayé plusieurs fois de le monter en partant de Bédoin, mais je n'ai jamais pu aller jusqu'au sommet», sourit-il.

L'entretien a lieu le 2 février dans la salle des colonnes du Sénat. Impression générale : libre de parole, il connaît bien le dossier et ne se cache pas derrière.

• François Fortassin, 69 ans. Sénateur RDSE [1] des Hautes-Pyrénées (depuis 2001), conseiller municipal de Sarp (près de Saint-Gaudens) dont il fut le maire, vice-président du Conseil général des Hautes-Pyrénées et, comme sa circonscription l'y invite, ancien... demi d'ouverture de rugby. Sa région est un point de passage obligé du Tour de France. Singularité dans son CV qui nous a amenés à le solliciter : il est le président des «Amis du Tour de France», un groupe de sénateurs qui s'est créé en octobre 2008. «On peut questionner

---

1. Rassemblement démocratique et social européen, groupe politique qui comprend 17 sénateurs de gauche comme de droite, mais majoritairement à gauche.

le ministre sur un point ou un autre », sourit-il. Du gentil lobbying en somme.

L'entretien a lieu le 11 février dans son bureau, face au Palais du Luxembourg. Impression générale : chaleureux, il tient des propos tout en rondeur. Mais on a failli piquer du nez.

Leurs opinions sur le Tour de France

Sur le conflit UCI/AFLD

BERNARD LAPORTE. Ce que je veux, c'est que l'AFLD puisse piloter les contrôles antidopage du Tour 2009 comme ce fut le cas sur le Tour 2008. Son intervention a apporté de la transparence, de la crédibilité. Il faut absolument obtenir un accord de collaboration mutuelle avec l'UCI. Si ça ne se fait pas, c'est dommageable. Parce que si l'AFLD ne participe pas au ciblage des contrôles, il y aura forcément du doute.

HENRI NAYROU. Ce qui me gêne le plus, c'est que l'AFLD pourrait ne plus être l'organe préleveur sur le Tour 2009. Pierre Bordry fait bien son travail, il n'a pas d'état d'âme. Il emmerde du monde ? Qu'il les emmerde longtemps ! Les plus gros poissons sont pris sur le Tour, pas ailleurs. J'en conclus que certains contrôles sont plus appliqués que d'autres. J'ai confiance en Bordry, qui m'a dit par ailleurs que le passeport sanguin n'est pas l'arme pour contrer la triche organisée. Le plus sûr garant de la sincérité de l'épreuve, c'est l'AFLD.

CHRISTIAN HUTIN. Je trouve admirable le travail effectué par l'AFLD. Ce conflit avec l'UCI est affligeant. Si les patrons du cyclisme sont ceux qui sont à la tête de l'UCI, ça signifie que le cyclisme n'est pas dans les meilleures mains.

ALAIN DUFAUT. Que les contrôles antidopage sur le prochain Tour soient sous la responsabilité unique de l'UCI ne serait pas une très bonne nouvelle. L'idéal, c'était 2008, quand ils sont allés au bout de leur logique. Mais je pense que Pierre Bordry ne se laissera pas faire. Il est déterminé.

FRANÇOIS FORTASSIN. Lorsqu'on évoque ces crispations, je n'ai pas l'habitude de faire des procès d'intention

Sur le changement de stratégie d'ASO

BERNARD LAPORTE. L'un de mes premiers dossiers a été le cyclisme. J'ai fait venir ici McQuaid et Verbruggen pour jouer les médiateurs. J'ai travaillé avec Clerc et Ysern, que je ne connaissais pas. Ce sont deux mecs extraordinaires. Ils ont mouillé le maillot. On bossait en partenaires, partageant la même ligne. Franchement, je n'ai pas compris l'attitude d'ASO qui, soudainement, tourne casaque et vire Clerc et Ysern. [*On lui demande s'il s'est senti cocufié dans l'affaire.*] Si je me sens cocu ? Oui et non, parce que je n'étais là que pour régler un différend. Tant mieux après tout si l'UCI et ASO ont trouvé un terrain d'entente dans l'intérêt du cyclisme. Maintenant que c'est fait, mon souhait est qu'il faut que ça roule parce que le Tour, certes, c'est ASO qui l'organise, mais il appartient à nous tous. Le Tour se dispute sur les routes de France, avec l'accord et la contribution de nos préfets. Il fait partie du patrimoine des Français.

JEAN-FRANÇOIS LAMOUR. La position ferme que tenait ASO avait toujours été couronnée de succès : la ferveur populaire était intacte et leurs profits, m'a-t-on dit, ne s'en sont pas ressentis. Le groupe Amaury se déclarait satisfait après le séisme de 1998, et puis, derrière tout ça, j'entends maintenant parler de conquête de marchés, d'épreuve à préserver alors que la pérennité du Tour n'est pas menacée. La volte-face d'une politique s'est accompagnée d'un rapprochement entre l'UCI et ASO tout aussi brutal. En 2008, la FFC et le ministère avaient mis les mains dans le cambouis pour défendre ASO contre les velléités de l'UCI, et de Hein Verbruggen en particulier, de venir grappiller l'argent généré par le Tour. Le ministre actuel [Bernard Laporte] doit se sentir floué.

MARIE-GEORGE BUFFET. On a l'impression que l'UCI et ASO vont se mettre d'accord sur le dos de la Fédération française de cyclisme *via* le Pro Tour. Il y a toute une dérive sociétale vers la marchandisation. Le sport, comme le Tour, n'y échappe pas. On pense que ça résoudra tout alors que la crise nous a prouvé le contraire.

HENRI NAYROU. J'avais été agréablement surpris par le changement de ton de la direction du Tour au cours de la présentation 2007 : sur 16 minutes, Clerc avait parlé de dopage pendant 13 minutes, et Bjarne Riis[1], qui se trouvait devant moi, ne bronchait pas. C'est une réalité : ce sport est tellement dur qu'il est propice à la propagation du dopage. Jusque-là, je pensais que le Tour risquait un jour d'être victime

1. Le coureur danois, vainqueur du Tour 1996 et aujourd'hui manager de l'équipe CSC, était passé aux aveux de dopage à l'EPO cinq mois plus tôt.

de ce fléau. Les dirigeants et les organisateurs fermaient les yeux sur une réalité. Ce virage m'avait étonné, ému, et surtout réconforté. Et ils ont eu raison quand on a assisté au renversement de tendance populaire avec Rasmussen conspué dans les Pyrénées. Dans la voiture [de direction] de Prudhomme, les gens disaient : « Tenez bon, allez au bout. » Ils voulaient un cyclisme propre, qu'importe la moyenne horaire. Les dirigeants d'ASO avaient joué l'avenir du vélo et du Tour. D'autant que, contrairement aux temps anciens, plus rien ne peut être caché ; l'info va tellement vite… J'ai trouvé le combat de Clerc particulièrement courageux et juste. Maintenant, ASO a choisi une autre option. J'ignore s'il y a une relation de cause à effet, mais l'analogie est forte entre le changement de pied d'ASO, l'éviction de Clerc et le retour d'Armstrong. On ne peut pas se permettre d'interférer mais quand le « ménage » a été fait, j'ai fait part de mes inquiétudes à Mme Amaury aussi bien qu'à sa fille. Elles ne m'ont rien répondu.

CHRISTIAN HUTIN. L'ensemble des députés intéressés par le sport avec lesquels j'ai parlé du sujet m'ont fait part de leurs inquiétudes devant le rapprochement d'intérêt commercial et stratégique entre ASO et l'UCI. Dans le cadre des auditions de personnalités du sport que nous avons menées, j'avais rencontré, avec plusieurs députés, Christian Prudhomme en janvier 2009. Il a été franc et honnête et nous a expliqué à mots couverts qu'il avait le cul entre deux chaises, qu'il n'avait pas tous les pouvoirs. Personnellement, je pense que, après mûre réflexion, ASO a trouvé un équilibre entre le risque de dégradation de leur image et la notoriété de Lance Armstrong qui va valoriser leur épreuve. L'éthique est passée en arrière-plan. Le risque de scandale est là.

ALAIN DUFAUT. Que des gens comme Clerc ne soient plus là, c'est inquiétant. Ils jouaient le jeu.

FRANÇOIS FORTASSIN. Il y a eu des changements parce que la famille Amaury a repris les choses en main. À la présentation du Tour 2008, à laquelle j'assistais, le discours était dans le même engagement contre le dopage. Je n'ai pas de raison de ne pas les croire.

Sur l'UCI

BERNARD LAPORTE. Au fond, je veux faire confiance à l'UCI. Oui, il y a eu des désaccords. Il y en aura peut-être d'autres, mais je me dois d'accorder sa part de crédibilité à une fédération internationale. Mais elle doit jouer le jeu ! Notamment et surtout celui de la transparence en matière de lutte contre le dopage.

JEAN-FRANÇOIS LAMOUR. Si on regarde le combat de l'UCI contre le dopage par le biais du rapport Vrijman qu'elle a mandaté et suivi, c'est une plaisanterie. L'UCI a toujours protégé Lance Armstrong, je ne dis pas triché. Dans l'état actuel des choses, je ne vois pas comment la lutte antidopage peut choper Armstrong. Aujourd'hui, les substrats de ses urines de 1999 sont conservés mais personne n'y touche. Tant que l'UCI ne bouge pas, personne ne peut s'en emparer. Quant au passeport sanguin, c'est une bonne idée, mais pas la panacée. C'est d'une grande complexité et ça coûte horriblement cher.

MARIE-GEORGE BUFFET. Dès que j'ai engagé la lutte antidopage autour de la candidature de Paris aux Jeux 2008, mes rapports avec Hein Verbruggen, alors président de l'UCI et président de la commission d'évaluation des sites olympiques, ont été conflictuels. J'avais failli remettre ma démission à Lionel Jospin [alors Premier ministre] parce qu'on voulait me faire signer une lettre disant que je renonçais à l'application de la loi française si les JO se tenaient en France. Hein Verbruggen n'a jamais admis qu'on puisse remettre en cause son pouvoir sur le cyclisme.

HENRI NAYROU. Après constat, je n'ai pas la certitude vis-à-vis de l'UCI que j'ai avec l'AFLD.

CHRISTIAN HUTIN. Mon opinion, partagée par beaucoup de parlementaires, est que l'UCI a perdu toute crédibilité en matière de lutte contre le dopage.

ALAIN DUFAUT. J'ai beaucoup travaillé sur le passeport sanguin au niveau législatif. Plusieurs réunions entre l'AMA, ASO, l'UCI, le ministère et les parlementaires ont eu lieu. On avait essayé de l'imposer à l'UCI en amont du Tour 2008, mais elle nous a plantés. Si ce passeport avait été opérationnel, des types comme Ricco ou Schumacher n'auraient pas pris le départ. Depuis, elle botte en touche en permanence. Sur la durée, ça ne trompe personne.

FRANÇOIS FORTASSIN. En matière de sport, il faut être prudent. On en fait beaucoup moins dans d'autres disciplines.

Sur l'UCI et Armstrong

BERNARD LAPORTE. S'il y a eu des protections, des passe-droits, je veux des preuves, pas des on-dit, mais du concret.

Parce que si un jour on a ça sur la table, là, on pourra dire : « Monsieur Armstrong dehors », comme on l'a fait pour les précédents.

On lui rapporte alors les faits de dopage (voir chapitre 1) de l'Américain, l'enquête de Damien Ressiot dans le quotidien L'Équipe... *Le ministre emploiera d'autres mots mais restera sur la même réserve.*

CHRISTIAN HUTIN. Bien sûr que Lance Armstrong bénéficie d'un traitement de faveur de la part de l'UCI. Il n'a pas payé sa dette vis-à-vis du cyclisme. On invite à la fête quelqu'un qui n'a pas à y être parce qu'il n'a pas réglé ses comptes moraux. Pour donner l'impression d'être en règle, il utilise un organisme de cœur censé le dédouaner d'un certain nombre d'erreurs qu'il n'a pas assumées. Maintenant, il va pénaliser des sportifs honnêtes qui vont avoir un poids sur la conscience et dans les jambes pour faire ce Tour. Armstrong se drape dans une grande cause, un écran de fumée ou de vertu qui n'est pas attaquable. Il est totalement incompréhensible qu'il n'y ait pas eu de sanction suite à l'enquête révélée par L'Équipe. Seule l'UCI peut le faire, c'est la règle du sport international : ces fédérations sont agréées par les États pour avoir le pouvoir exécutif et législatif.

ALAIN DUFAUT. Lance Armstrong a fait l'objet d'un régime particulièrement bienveillant de la part de l'UCI. C'est probablement lié à de l'argent parce que ce n'est pas rationnel.

Sur le retour de Lance Armstrong sur le Tour

BERNARD LAPORTE. Quand je l'ai appris, j'étais en voiture. J'ai été très surpris. Pourquoi revenir ? Pour perdre ? Selon moi, c'est le besoin de challenge. Il n'y a que le sport de haut niveau qui procure ça, cette adrénaline. Tu es sur un nuage, adulé. Et un jour, tu ne l'es plus. J'ai connu ça avec le rugby : quand tu sors du tunnel et que 80 000 mecs hurlent en te voyant apparaître, c'est fort, fort... C'est un manque. Moi, ce qui me manque, c'est la semaine avant le match, te peler sur le terrain, échanger avec les joueurs, les engueuler, être avec eux. Lance Armstrong est d'abord un champion. Le dopage ? Ma responsabilité, c'est de dire : soumission stricte aux contrôles, application exemplaire des règles.

Jean-François Lamour. Clairement, ce retour n'est pas un très bon signe. C'est même une forme de mascarade. Lance Armstrong représente une époque de très grande crispation pour le cyclisme. Cette période a révélé des excès, avec des têtes qui se sont fait couper, symboliques de ce moment où tout était permis. Le sportif passait plus de temps à se doper ou à contourner la loi qu'à s'entraîner. Selon la loi française, il y a toujours la présomption d'innocence. J'aurais été lui, s'il veut vraiment tourner une page, qu'il règle définitivement l'affaire révélée par *L'Équipe*. Il y avait une accusation violente, s'appuyant sur des documents, y compris fournis par l'UCI, ce qui est savoureux. Tous ceux qui se sont posé des questions après ces révélations, en particulier pour soutenir ASO dans sa démarche contre l'UCI, doivent se sentir lésés. Armstrong n'avait, semble-t-il, de comptes à rendre à personne. C'est choquant. On nous dit qu'il va suivre tous les contrôles... mais ce n'est pas le sujet. Et je reste très interrogatif devant le silence de l'AMA et la position du CIO sur le sujet. C'est l'encéphalogramme plat.

MARIE-GEORGE BUFFET. Ce retour est un mauvais signe pour le Tour et le cyclisme en général. Peut-être que je nuis à la présomption d'innocence en disant cela, mais personne n'est dupe du personnage. Normalement, l'UCI aurait dû le sanctionner. Personnellement, à la place du ministre, j'aurais convoqué ASO et la FFC en leur disant qu'on ne pouvait pas accepter ça. On peut prendre la décision de refuser sa venue. On peut influer sur tout dès lors que vous parlez, et que vous parlez fort.

CHRISTIAN HUTIN. Ce n'est pas du tout un bon signe. Son retour dans un peloton réduit à néant tout ce qui était moralisé ces trois dernières années. Les purs, les jeunes, vont être terriblement démobilisés, l'image du cyclisme va s'en ressentir un peu plus. Même si rien ne se produira, le doute, lui, persistera.

HENRI NAYROU. C'est une bonne chose pour le retentissement immédiat du Tour, mais le problème, c'est qu'une société comme ASO doit s'inscrire dans la durée. J'ai peur que le Tour bascule dans l'oubli parce que le public en a marre. Pour Armstrong, je n'ai personnellement jamais su si ses prises de substances l'étaient par rapport au cancer ou pour améliorer ses performances. Mais les contrôles sont là pour vérifier ses performances et non son cancer. Son combat contre la maladie est louable, mais ça peut être un combat pour d'autres raisons.

ALAIN DUFAUT. Pour en entendre parler autour de moi par tous ceux qui s'intéressent au sport, et il y en a beaucoup dans la maison [le Sénat], de gauche comme de droite, tout le monde est d'accord : c'est une bêtise de le reprendre dans le Tour. À terme, ce n'est pas une bonne affaire pour le Tour, même si sa présence va créer un engouement cette année. Qu'il ait refusé la proposition de Bordry n'a fait que corroborer le doute. Les contrôles positifs à l'EPO devraient être suffisants pour le récuser, mais l'AMA ne semble pas avoir les pouvoirs d'imposer à l'UCI de prendre des sanctions. Lance Armstrong se réfugie derrière une cause : s'il peut aider les gens à lutter contre le cancer, c'est louable. Mais il y a des chances qu'il utilise ce phénomène pour masquer ce qu'il a dû faire de douteux dans ses victoires.

FRANÇOIS FORTASSIN. Chacun l'apprécie à l'aune de son activité. Dès l'instant qu'il dit vouloir se plier aux contrôles, je ne vois pas au nom de quoi on pourrait le refuser. Dans mon rôle, je n'ai pas à apprécier. La crédibilité sportive est en fonction du résultat. Je ne porte pas de jugement *a priori*. Ça ne m'intéresse pas de savoir s'il traîne des casseroles ou non. À la limite, il n'y a que l'aspect sportif qui m'intéresse. Pour autant, Lance Armstrong ne serait pas sur le Tour que ça ne me créerait pas de problème particulier. Qu'il cristallise la suspicion, je ne vous dirai pas le contraire. Mais pas plus que d'autres coureurs. Je préférerais qu'il n'y soit pas, mais de là à agiter une banderole…

Sur la responsabilité d'ASO

BERNARD LAPORTE. Une responsabilité ? Ce n'est pas la question que je me pose. Ma préoccupation, c'est de protéger le cyclisme et le Tour de France parce que c'est notre patrimoine. Ce qui m'importe en matière de responsabilités, c'est de prendre les miennes et c'est ce que je fais en demandant que l'AFLD intervienne à nouveau sur le Tour 2009.

MARIE-GEORGE BUFFET. En jouant avec la crédibilité de son épreuve, ASO prend une grosse responsabilité sur l'avenir du Tour. ASO peut tuer son bébé.

HENRI NAYROU. Je reste épaté, année après année, de la ferveur que génère le Tour. C'est ahurissant parfois, notamment en montagne. Pour autant, ASO prend un risque par rapport à l'opinion publique. Rien ne dit que, dans un élan de sincérité, il n'y ait pas de manifestations d'irritation par rapport au dopage.

CHRISTIAN HUTIN. On peut créer un vrai problème de sécurité publique avec l'arrivée d'un type comme ça sur le Tour. Je n'aimerais pas être à la place d'ASO.

ALAIN DUFAUT. On l'a évoqué lors du débat sur le budget du sport : ça peut très mal finir. Comment anticiper sur l'hypothèse d'un type qui le bouscule, voire plus ? Sur le Tour, personne n'est à l'abri d'un accident. ASO prend deux risques : l'un de sécurité, l'autre d'image. Le Tour peut être discrédité à tout jamais. Et même si Armstrong n'est pas pris, le doute subsistera. L'autre côté de la balance, c'est la surexposition médiatique, les retombées économiques, l'embouteillage des sponsors, des villes candidates… C'est une argumentation que je récuse : ces trois dernières années, le Tour n'était pas moins populaire ni moins prospère qu'avant, que je sache.

FRANÇOIS FORTASSIN. J'ai confiance dans le jugement des concernés, dont celui de Christian Prudhomme. Des manifestations de réprobation ? Je n'y crois pas.

Sur l'avenir du cyclisme et du sport

BERNARD LAPORTE. L'éthique est de plus en plus difficile à maintenir à partir du moment où il y a plus d'argent. C'est un fait. Mais quand j'apprends, par exemple, que 500 millions d'euros sont joués de par le monde sur le seul tournoi de tennis de Paris-Bercy, je me dis que les valeurs du sport vont foutre le camp. La difficulté, c'est que la corruption s'insinue au niveau médian. Elle ne touche pas des types comme Nadal ou Federer, mais le troisième rideau. Pareil dans le football où les affaires touchent plutôt les championnats mineurs. Tous les sujets de société se sont introduits dans le sport, c'est inévitable. Avant, Internet n'existait pas, les paris en ligne non plus. Le ministère a un rôle et des responsabilités pour réguler ces flux. C'est pour cela que j'ai fait voter une loi sur la pénalisation de la détention et du trafic de produits dopants ou que le gouvernement a voulu que le Parlement examine bientôt une loi sur les paris sportifs. Et qu'il sera nécessaire de continuer à s'adapter pour mieux contrôler et pour continuer d'exister. Car je ne veux pas perdre le Tour...

JEAN-FRANÇOIS LAMOUR. Je me souviens d'un article de Philippe Gaumont [1], début 2004, dans le sillage de l'affaire Cofidis, où il expliquait avec beaucoup de naturel, de naïveté aussi, que son esprit, ses efforts et sa concentration étaient entièrement tournés vers le contournement du dispositif

---

1. Ancien coureur professionnel (1994-2004) condamné pour dopage après son implication dans l'affaire dite Cofidis (2004). Le Picard racontera son expérience du dopage dans *Prisonnier du dopage*, Grasset, 2005.

antidopage et de préservation de la santé des sportifs. On se lave le sang avant le suivi médical, on s'injecte des produits indétectables ou masquants, on s'entraîne en fonction de ça, et non plus pour améliorer sa performance. Pour moi, c'était un article fondateur, on savait ce qu'il se passait. Après 1998, il y a eu une prise de conscience globale qu'il fallait faire quelque chose. C'était la fin de l'ère Samaranch [1], et Jacques Rogge prenait du poids. C'était le moment de créer l'AMA par exemple, financée à 50 % par le CIO et 50 % par les gouvernements. C'était une bonne chose, il y avait du sens. Il faut savoir également qu'un accord international met vingt ans pour être appliqué ; là, il a fallu à peine sept ans. Il faut donc apprécier une prouesse plutôt qu'un frein.

Où en est-on aujourd'hui ? Le budget de l'AMA, seul outil réel de coordination antidopage, est de 23 millions de dollars. Il en faudrait cinq à dix fois plus pour être vraiment efficace. En matière de recherches, de détection, de contrôles inopinés, d'installations de programmes dans des pays qui n'ont pas la queue d'un moindre dollar pour les mettre en place. On a une lutte standard qui est en train de s'appliquer tant bien que mal et personne n'a envie de remettre la main à la poche. La liste des produits interdits est fermée, une forme de dopage médicalisé est autorisée en dessous des seuils... Aujourd'hui, presque dix ans plus tard, on s'aperçoit que c'est rechercher une aiguille dans une botte de foin et que ça va coûter des millions. Surtout, des millions en contentieux. L'affaire Landis est symptomatique : si l'AMA ne lui était pas venue en aide, l'USADA [2] aurait été en faillite.

---

1. Ancien président du CIO, de 1980 à 2001.
2. L'Agence américaine de lutte contre le dopage.

Si des athlètes, ceux qui gagnent des millions d'euros, se positionnent ainsi, le sport est en danger. Actuellement, la question antidopage est bloquée. Le passeport sanguin est une bonne chose mais il parvient à un palier, tout le monde est un peu en train de l'admettre : problème de financement, de dispositif légal, de disparité puisque des pays ne veulent même pas en entendre parler... Ceux qui s'en rendent compte, des sportifs et leur entourage sans foi ni loi, s'engouffrent dans les failles. Le mouvement sportif est battu en brèche. Il n'y a plus une voix comme celle de Richard Pound pour s'interposer. Aujourd'hui, on ne peut plus avancer. Il faudrait un coup de semonce pour relancer la machine. Ou ça repart, ou c'est la résignation.

MARIE-GEORGE BUFFET. J'ai l'impression que le sport repart complètement en arrière. Tous les efforts entrepris ces dernières années, y compris par des dirigeants d'équipes et des coureurs, sont réduits en poussière. Plus globalement, j'ai la forte impression qu'on va se faire avoir, que le sport va se faire avoir. C'est la raison pour laquelle je suis revenue récemment sur le terrain du sport en lançant un appel pour sauver le modèle sportif français. Je sens que, s'il n'y a pas de voix qui s'élèvent, le sport va être définitivement pris en otage. Il faut se remobiliser pour lui, réhabiliter le droit au sport, soumettre l'argent à des contraintes. Le désengagement de l'État est criant et il ne va plus assurer sa mission de service public. Il est censé confier des missions aux fédérations, les subventions sont liées au respect de la loi, à la santé des sportifs, à des règles à l'égard de l'argent. Si le ministère se destine à être une sorte de commission de haut niveau, si le sport professionnel est dégagé des missions de service public et qu'il est remis entre les mains d'organismes privés, qui pourra leur demander de faire respecter les lois ?

CHRISTIAN HUTIN. Si nous avons créé en 2008 le groupe « Éthique et dopage dans le sport », c'est qu'il y avait une nécessité sur les deux plans. Le politique doit intervenir, notamment en matière de dopage, parce que c'est un problème de santé publique, que les informations qui remontent jusqu'à nous font état d'une situation inquiétante parmi la jeune population, et, concernant le Tour de France, parce qu'il fait partie du patrimoine national au-delà d'un événement sportif.

Désormais, l'amalgame est tel que tout sportif de haut niveau est diabolisé. Fliquer les sportifs en général, c'est complètement fou. Il y a plein de gens bien mais l'argent a une forte tendance à prendre le dessus. Et c'est ce qui légitime le volet « éthique » de notre groupe parlementaire parce que le marché des paris en ligne s'ouvre à la concurrence et que ça peut modifier profondément la donne. Je rappelle que les paris en ligne ne créent aucun emploi, aucune valeur ajoutée, et ajoutent à la confusion de la corruption. C'est du pognon pour du pognon sur le dos du sport. Nous ne sommes qu'aux prémices de ce qui va se passer et je suis pessimiste sur la manière dont sera géré le sport. Moi, je revendique le droit à rêver, on n'a pas le droit de toucher à ça. Et cet espace va se réduire à vue d'œil.

Nicolas Sarkozy en supporter

Quant à l'appréciation du premier des politiques, le président Nicolas Sarkozy, à l'égard de Lance Armstrong, elle est

limpide : « Le président l'aime bien, il l'aime même beaucoup »,
nous assure un proche de l'Élysée. « Il était allé le voir et avait
discuté avec lui sur le Tour du temps où il était ministre de
l'Intérieur. Le président était épaté devant la performance
du gars. Et admiratif du champion. »

L'Équipe Magazine avait livré les mêmes impressions du
président de la République à l'endroit du coureur américain[1].
Mais, depuis l'annonce du come-back, qu'en est-il ? « Le président a besoin des champions, c'est un gagneur, reprend
notre interlocuteur. Il apprécie cette mentalité américaine
de porter les vainqueurs aux nues. Il ne veut pas entendre
parler du reste. »

Selon l'hebdomadaire *VSD*[2], « Lance Armstrong aurait appelé
Sarkozy pour lui annoncer ses intentions de come-back ».
Réponse du président français : « Par le passé, il [Lance Arms-
trong] m'a dit des choses très fortes. » En revanche, personne ne sait ce qu'ils se sont dit lorsqu'ils se sont parlé seul
à seul le 24 septembre 2008 à New York, en marge du forum
organisé par Bill Clinton. Après lui avoir présenté son épouse,
Carla Bruni-Sarkozy, le président français s'était entretenu
une vingtaine de minutes devant un comptoir avec Lance
Armstrong. Le Texan confirmera cependant l'entrevue en
ces termes : « Je lui ai serré la main, dit bonjour, rencontré
son épouse […]. Je n'ai reçu aucune garantie [sur ma partici-

---

1. Nicolas Sarkozy cité dans *L'Équipe Magazine* du 31 mars 2007 : « Le
parcours de Lance Armstrong est exceptionnel. À 21 ans, il était champion
du monde. Il apprend qu'il a un cancer des testicules. Il se fait opérer et,
malgré ça, il revient et gagne sept Tours de France. Et vous voudriez que
je n'éprouve pas d'admiration ? Mais attendez, s'il y a une pilule, il faut me
la donner. Moi, je combats le dopage mais on ne peut pas ramener Lance
Armstrong à cette seule dimension. »
2. *VSD*, 17 septembre 2008.

pation au Tour de France] de la part du président Sarkozy[1]. »
Lance Armstrong déclara pourtant neuf semaines plus tard
avoir obtenu une « protection » de la part du gouvernement
français (voir *supra* page 107). Vingt minutes pour parler
réchauffement climatique ?

Les Français pas enthousiastes

Là où son secrétaire d'État aux Sports, Bernard Laporte,
ne serait pas « étonné que le public français accueille favorablement Lance Armstrong sur le Tour », il est une notion,
si chère aux politiques, à prendre en considération : l'indice
de popularité. Un sondage réalisé par TNS-Sofres et diffusé
dans l'émission dominicale *Stade 2* du 26 octobre 2008
laissait clairement entendre que le public français n'était pas
très chaud à l'idée de « l'accueillir favorablement ». 69 % des
sondés avaient globalement désapprouvé son retour, et 49 %
avaient répondu que c'était « une mauvaise chose » pour le
Tour, contre 9 % estimant que c'était « une bonne chose »[2].

Hors cyclisme, des sportifs français se sont aussi déclarés
« sceptiques », voire « dégoûtés »[3] par le retour aux affaires
de Lance Armstrong. Parmi eux, six médaillés olympiques
s'étaient exprimés sur la question lors de la 11e édition de la
Semaine olympique organisée à Courchevel (Savoie) :

1. *Chicago Tribune*, 24 septembre 2008.
2. À la question « Êtes-vous d'accord avec le retour de Lance Armstrong ? »,
le décompte est le suivant : « pas d'accord », 44 % ; « plutôt pas d'accord »,
25 % ; « plutôt d'accord » 23 % ; « tout à fait d'accord », 6 % ; « ne se prononcent
pas », 2 %.
À la question « Est-ce une bonne ou une mauvaise chose ? », 49 % avaient
déclaré « une mauvaise chose », 9 % « une bonne chose », 41 % « ni l'un ni
l'autre » et 1 % « ne se prononce pas ».
3. Mini-sondage réalisé par l'agence Reuters, 29 décembre 2008.

• Tony Estanguet (double champion olympique 2000-2004 de canoë) : « Il me rend sceptique, il ne m'emballe franchement pas. D'ailleurs, il relève même plutôt d'un retour en arrière pour le sport en général et le cyclisme en particulier. »

• Jean-Christophe Péraud (vice-champion olympique en VTT cross-country 2008) : « À mon grand désespoir, j'y crois à cent pour cent ou à sang pour sang, comme vous voulez ! Franchement, je suis dégoûté. »

• Antoine Deneriaz (champion olympique de ski, descente, 2006) : « Je ne vois absolument aucun intérêt dans ce retour et, quelque part, je ne le comprends pas. C'est dommage, limite écœurant. »

• Nicolas Lopez (vice-champion olympique au sabre en 2008) : « Pour moi, ce n'est pas un champion, absolument pas un exemple. »

• Julien Bahain et Cédric Berrest (médaillés de bronze d'aviron quatre de couple 2008) : « S'il veut vraiment rester dans la légende, il ferait mieux de ne pas en sortir. »

L'AFLD par principe

Six mois de défiance et de prises de position contraires entre l'AFLD et l'UCI ont finalement abouti à une déclaration de principe : le 18 mars 2009, au sortir d'une collaboration conjointe et sans anicroche sur la course Paris-Nice (du 8 au 15 mars), conclue à Paris deux jours avant le départ, l'AFLD, par la voix de son président Pierre Bordry, qui avait évoqué « un bilan favorable ». Un Paris-Nice qui avait d'ailleurs connu un épisode inhabituel. L'épreuve par étapes, remportée par l'Espagnol Luis León Sanchez, avait été marquée par une défaillance aussi soudaine qu'inattendue du grand favori, Alberto Contador. Le leader de l'équipe Astana, alors largement maillot jaune le jeudi après un récital réalisé dans l'ascension de la montagne de Lure, s'effondra le lendemain en l'espace de quelques kilomètres dans la montée vers Fayence, concédant près de trois minutes pour se classer finalement quatrième de l'épreuve. Son entourage avait alors parlé d'une fringale. De là à penser que la supervision des contrôles par l'AFLD avait coupé les appétits…

Toujours est-il que Pierre Bordry se déclara satisfait du mode opératoire : « Nous sommes prêts à étudier un nouvel accord pour le Tour de France 2009. » Un accord qu'il entendait là encore bien recevoir par écrit.

« L'accord sur Paris-Nice a été très bien appliqué, nous expliqua-t-il. Il reste que le Tour de France n'est pas la même chose et que des dispositions pratiques sont à voir, en amont de l'épreuve notamment. »

C'est bien là un distinguo notable. Nul n'ignore désormais que le Tour de France est l'objet d'une préparation spéci-fique de ses prétendants lors des cinq semaines précédant le départ. « Nous avons déjà commencé à contrôler les coureurs qui s'entraînent pour le Tour, précisait Pierre Bordry à la mi-mars 2009. Sur ce point, nous n'avons pas besoin de l'UCI. Nous pouvons contrôler tout coureur sur notre territoire lors des phases d'entraînement. » Mais *quid* des coureurs qui se prépareront à l'étranger ? « On demandera à l'AMA et aux agences nationales étrangères de nous aider. Mais ça dépendra de l'UCI. » On y revient.

Lance Armstrong entre dans ces cas particuliers. L'Amé-ricain, qui avait dans un premier temps évoqué sa présence sur des courses françaises avant le Tour de France (Critérium international, Critérium du Dauphiné), a finalement rayé ces épreuves de son agenda. Dès lors, l'AFLD, seule autorité crédible en la matière, pourra-t-elle l'approcher ? « S'il ne vient pas en France jusqu'au départ du Tour, on ne pourra pas aller le contrôler, reconnaît Pierre Bordry. S'il se trouve aux États-Unis en juin, peut-être que l'agence américaine ira le faire. En revanche, pendant le Tour, il sera ciblé comme les autres. Mais peut-être viendra-t-il auparavant. Tenez, il était en France début mars et on en a profité. »

Lance de mauvais poil

L'unique contrôle inopiné effectué sur le territoire français auquel dut se soumettre Lance Armstrong depuis quatre ans relève pratiquement du gag. Les autorités françaises ont en fait été alertées par... Armstrong lui-même et son fameux Twitter, dont une bonne partie des messages est relayée par les médias. Apprenant à la mi-mars « dans la presse régionale »[1] que le coureur texan séjournait sur la Côte d'Azur pour une reconnaissance du prologue à Monaco (le 4 juillet), une petite opération commando a été mise en place pour aller à sa rencontre le 16 mars, au domicile de la personne qui l'avait hébergé dans les environs de Nice. « Disons qu'on avait structuré notre déplacement », reconnaît un membre de l'AFLD, ajoutant même que « les forces de l'ordre étaient prêtes à intervenir » en cas de refus. « On a missionné un médecin préleveur aguerri, un vieux briscard qui connaît bien les ficelles et les combines pour ralentir la procédure. »
Si la scène s'est déroulée « en toute courtoisie »[2], Lance

1. Déclaration de Jean-Pierre Verdy, directeur du département des contrôles de l'AFLD, dans le quotidien *Libération* du 19 mars 2009.
2. Lance Armstrong le confirmera à Associated Press le 18 mars : « C'était un médecin français, il n'aurait pas pu être plus agréable. »

Armstrong laissa à ses visiteurs l'impression d'être étonné. « Il ne s'y attendait pas du tout », a commenté Pierre Bordry[1]. Et c'est là que ça s'est gâté.

En réalité, Lance Armstrong l'avait eu mauvaise. Non seulement, pour la première fois de sa carrière, il lui fut demandé un prélèvement capillaire[2], en plus d'un échantillon de sang et d'urine, mais la visite du médecin préleveur et d'un « chaperon » censé suivre l'opération des prélèvements ne s'est pas déroulée de manière réglementaire, bien au contraire. « Lance Armstrong a raconté n'importe quoi concernant la reconstitution de la scène, nous explique un membre de l'AFLD. Mais nous avons choisi de ne pas tomber dans son jeu. »

Selon nos informations, les visiteurs ont été sommés de rester sur le perron de la porte d'entrée pendant… une vingtaine de minutes. Un processus contraire à la réglementation antidopage compte tenu des possibles manipulations durant ce laps de temps. Mais face à la posture intimidante du coureur et… l'arrivée impromptue de son directeur sportif, Johan Bruyneel, sur ces entrefaites, les deux visiteurs n'ont pu raccourcir le délai de leur intervention. Comment « un vieux briscard » a-t-il pu se laisser piéger par un stratagème bien connu ? « Forcer la porte se serait apparenté à une violation de domicile », nous dit-on. Ce qui n'empêche pas le constat : « D'après ce qu'on en sait, Lance Armstrong semble avoir instauré en règle ces temps de latence entre la notification

1. Associated Press, 18 mars 2009.
2. Ce mode de détection, qui est utilisé depuis vingt ans par la justice pour confondre des criminels, n'est pas validé par les instances sportives et ne débouche en aucun cas sur une sanction. Un centimètre de cheveu « raconte » un mois d'histoire en termes de substances dans l'organisme, là où le prélèvement urinaire est un instantané.

du prélèvement et la remise des échantillons », constatait un membre de l'AFLD qui a eu lecture du rapport du médecin préleveur. Vingt minutes après, Lance Armstrong est revenu effectivement vers ses visiteurs en leur remettant les échantillons demandés après avoir « pris une douche », précisa-t-il pour excuser son retard. Avec un commentaire aigre-doux du coureur : « Il n'a pas arrangé ma coupe de cheveux, c'est pour ça que je me les suis ensuite coupés, après son travail de boucher. »

Le Texan, qui précisait avoir subi là son vingt-quatrième contrôle antidopage de la saison [1] – chiffre invérifiable, dont la seule source est son Twitter –, avait été rabaissé au rang d'un coureur ordinaire par l'AFLD. « C'est un moyen pour qu'il sache qu'il est comme tout le monde et que tout sportif est susceptible d'avoir des contrôles inopinés hors compétition », résumait son président. Ce qui n'empêcha pas l'intéressé d'assurer à qui voulait l'entendre que ses échantillons s'étaient révélés négatifs. Une certitude reprise par la presse. Pourtant, « à ma connaissance, à la date où il clamait ça, nous n'avons pas pu communiquer sur la nature de ses échantillons dans la mesure où les résultats d'analyse ne nous étaient pas revenus », expliquait avec une pointe d'ironie un membre de l'AFLD, le 15 avril. Des résultats, positifs ou non, attendus vers la fin avril 2009.

Dès lors, le président de l'AFLD adressa un rapport à l'AMA et à l'UCI sur le comportement « inhabituel » de Lance Armstrong lors du passage du médecin préleveur, dans l'espoir d'une réponse. « Je ne porte pas de jugement sur ce qui est

1. Selon le manager de l'équipe américaine Colombia, le sprinter vedette Mark Cavendish a été contrôlé... 58 fois en 2008 (*Boulder Report*, 30 avril 2009).

rédigé dans le rapport car je ne suis pas certain que ce soit du ressort d'une infraction [1] », expliqua-t-il, après que son initiative eut été éventée dans la presse. L'UCI, par la voix de son attaché de presse Enrico Carpani, fit savoir qu'elle n'avait pas à intervenir. « Les règles sont claires : les contrôles inopinés réalisés par une agence nationale antidopage sont placés sous sa responsabilité. »

Le 9 avril, l'AFLD laissa alors entendre qu'elle se donnait le temps de la réflexion, et d'ouvrir éventuellement une procédure disciplinaire à l'encontre de Lance Armstrong pour ne pas avoir « respecté l'obligation de demeurer sous l'observation directe et permanente de la personne chargée du contrôle à compter de sa notification ». Une « obligation » rendue nécessaire par les agissements constatés depuis des lustres par les sportifs qui veulent tricher [2]. « Le point essentiel de cette affaire réside en une question », estimait notre informateur. Pourquoi le code mondial antidopage exige-t-il qu'on ne quitte pas des yeux le sportif à partir du moment où il y a une notification ? Parce qu'il y a la possibilité d'une manipulation frauduleuse. Et ce monsieur [Armstrong] n'est pas au-dessus des lois. »

Un rappel au règlement qui ne fut guère du goût de l'intéressé, criant au loup et au complot franco-français [3], ni, dans une moindre mesure, de celui de Pat McQuaid, estimant en

---

1. ESPN.com, 6 avril 2009.
2. Le premier coureur célèbre pris en flagrant délit de tricherie fut Michel Pollentier. Le Belge, alors maillot jaune du Tour de France 1978, avait glissé une poire remplie d'urine saine sous un bras lors du contrôle antidopage réalisé à l'Alpe-d'Huez (seizième étape), mais son stratagème avait été découvert. Il fut éliminé sur-le-champ.
3. « Il y a de fortes chances pour qu'ils m'empêchent de courir le Tour », avait lancé Lance Armstrong dans une vidéo diffusée le 10 avril sur le site de sa fondation.

l'espèce que l'AFLD n'agissait pas de façon «très professionnelle.» Trois semaines après «un bilan favorable» de coopération constaté en chœur par l'UCI et l'AFLD sur Paris-Nice,
deux jours après que le président de l'UCI eut lui-même
confirmé que l'AFLD était dans son droit d'agir ainsi, les
deux nouveaux conjoints traversaient là une première scène
de méninges. De là à flanquer par terre ce projet de collaboration sur les contrôles antidopage du Tour 2009...

«Ce n'est pas qu'une impression, reprenait notre informateur de l'AFLD. On constate qu'aux yeux de l'UCI, on
peut tout faire, tout mettre en place, sauf toucher à Lance
Armstrong. Mais l'UCI devra bien faire un choix : accéder
à notre démarche, et y inclure Lance Armstrong, ou ne pas
l'accepter» et, dès lors, sombrer dans le discrédit avec des
contrôles antidopage placés sous sa seule autorité. «Protéger
Lance Armstrong, c'est son problème. Nous, on a la chance
d'être complètement étrangers à tout ça.»

Durant cette passe d'armes, le siège parisien de l'AFLD
reçut deux types de mails : «ceux qui nous insultent, pro-
venant des États-Unis, et probablement pilotés par des lobbies,
et ceux qui nous encensent». Et, en attendant le résultat
officiel de l'examen des échantillons, comme la décision du
collège des membres de l'AFLD de lancer ou non une instruction disciplinaire à l'encontre de Lance Armstrong, l'idée
de faire revenir l'intéressé pour une possible audition sur
le sol français quelques semaines avant le Tour présentait
un alibi bien tentant. Le légaliste Pierre Bordry avait là un
champ de manœuvre étroit. Mais le coiffeur Pierre Bordry
savait qu'il n'était pas près de lui faire recouper les cheveux
en quatre.

L'AFLD fit durer le suspense jusqu'au 24 avril 2009. Près
de six semaines après le début des tribulations du contrôle

inopiné, le collège de l'agence française décida « de prendre en considération les explications écrites du sportif et, en conséquence, de ne pas ouvrir de procédure disciplinaire à son encontre pour ces faits ». L'AFLD précisait que « l'analyse des prélèvements urinaires et sanguins de M. Lance Armstrong n'a pas révélé d'anomalie. Il n'a pas été procédé à l'analyse de l'échantillon de ses cheveux ». Ce qui se fait seulement dans le cas où les deux premières analyses révèlent une positivité. Il reste que le coureur texan expédia l'affaire en un tour de doigts sur Twitter : « Le dossier est refermé, aucune pénalité, les échantillons sont propres. » Question suivante ?

Mais où est la police ?

Un public plutôt réfractaire, des hommes politiques plutôt inquiets, des sportifs de tous bords plutôt sceptiques, un milieu cycliste partagé… entre la franchise de dire ce qu'il pense et la peur de le faire, mais des organisateurs qui se l'arrachent : là où l'athlète américaine Marion Jones [1], jamais confondue pour dopage mais tout de même sanctionnée, était considérée comme une pestiférée par les organisateurs de meetings d'athlétisme qui refusèrent en bloc sa participation, leurs homologues cyclistes déroulent le tapis rouge sous les pieds de Lance Armstrong. Et vont jusqu'à payer grassement sa participation à leurs épreuves (voir chapitre 3).

Pour autant, le coureur texan cristallise des sentiments pas franchement compatibles avec l'émotion que suscite le

---

1. Triple championne olympique aux JO de Sydney (2000), l'athlète américaine a été convaincue de dopage pour son implication dans l'affaire dite Balco (2003) et a été condamnée à six mois de prison ferme en 2008 – une première dans le sport – pour parjure devant un grand jury fédéral.

sport. « La présence de M. Armstrong nuit-elle à la crédibilité du Tour et ASO prend-il un risque ? répète Pierre Bordry. Je ne sais pas quoi répondre à cette question. » Pas plus que d'autres acteurs du sport ne savent comment le Tour, le cyclisme et le sport dans son ensemble vont finir : « Il n'existe pas d'organe de régulation, témoigne un membre de l'entourage de Bernard Laporte. Le pouvoir sportif est en même temps son arbitre. On a transféré beaucoup de pouvoirs aux structures sportives. Mais il arrive à l'État de reprendre la main, comme sur le Tour 2008. Si vous faites ça sur dix gros événements… » Un membre de l'AMA tire lui aussi la sonnette d'alarme : « Je m'inquiète de l'emprise financière, et pas seulement pour l'éthique, relève-t-il. Quelle meilleure lessiveuse au niveau mondial que le sport ? Et voilà qu'arrivent les paris en ligne… » Et d'établir une comparaison : « Déjà, avec une régulation des marchés, on a vu ce que ça a donné avec cette crise, mais, là, le système parallèle du monde sportif n'a aucun dispositif de régulation. Ce n'est pas une AMA qu'il faut faire désormais, c'est une organisation mondiale du sport qui contrôle ses dérives. » Un gendarme pour restaurer l'illusion. Avec une nouvelle question : quand le sport sera-t-il pris pour ce qu'il est devenu ?

CHAPITRE 3

Sous le signe du cancer

« Il suffit qu'on vous fasse croire qu'il y a du cœur
quelque part pour vous faire tout gober. »
Réplique de Philippe Noiret
dans *Masques*, de Claude Chabrol (1986).

Pau, 11 heures du matin, le 24 juillet 2001. Le boulevard
des Pyrénées est fermé à toute circulation, à l'exception des
véhicules siglés « Tour de France ». Des milliers de personnes
sont massées derrière les barrières qui bordent le boulevard,
en attendant le passage du peloton. Le public est encore et
toujours venu en masse assister au même spectacle, croiser
ne serait-ce qu'un instant le regard d'un de ces athlètes, ressentir l'effort qu'ils inspirent, s'émerveiller devant l'endu-
rance humaine, perpétrer une communion, témoigner d'une
admiration. Soudain un murmure se propage, un frisson par-
court l'assistance : le signal que les coureurs approchent. C'est
le moment que choisit un homme en tenue de chef cuisinier
pour débouler d'un restaurant, une casserole dans une main,
une cuillère en bois dans l'autre. Son tintamarre lui vaut les
acclamations de la foule. Une jeune femme prend la main
de son bébé et l'agite doucement en direction des cyclistes
qui passent devant elle dans un chuintement fugace : « Au
revoir », dit-elle en souriant à son enfant.

En queue de peloton, Lance Armstrong est confortablement posé sur sa selle. Il bavarde, nonchalant, avec l'Allemand Jens Voigt. Il porte, évidemment, le maillot jaune de ce qui sera sa troisième victoire du Tour. Le maillot jaune est devenu son uniforme, ce qui lui vaut auprès de ses amis d'Austin le petit surnom de « Mellow Johnny ». Mellow Johnny, c'est la retranscription de « Maillot jaune » dans le patois texan. Armstrong a toutes les raisons du monde d'être de bonne humeur tandis qu'il discute avec Jens Voigt même si, la veille, lors d'une conférence de presse, il a dû répondre à des questions agaçantes portant sur ses liens avec Michele Ferrari, le préparateur italien qui traîne une sombre réputation en matière de dopage. « Michele, a répondu Armstrong, est un ami, un homme honnête, irréprochable, et jamais je n'ai été témoin de quoi que ce soit qui puisse me faire penser le contraire. » La plupart des journalistes, il le sait parfaitement, brûlent d'écrire l'histoire d'un héros en maillot jaune. Et, quinze jours après le départ de l'épreuve, le héros est en passe d'être à nouveau adulé.

Le Tour a quitté Pau. L'horloge indique désormais midi. Dans un cybercafé situé près de la place Royale, en plein centre ville, Nicolas Fouillot passe des verres sales sous l'eau chaude. Il jette de temps à autre quelques rapides coups d'œil par-dessus son épaule, guettant l'arrivée de ses premiers clients. Son bar est le repaire des jeunes passionnés de jeux vidéo en ligne. Mais, en été, ils ont tendance à déserter ou à faire la grasse matinée. Nous discutons du Tour de France, il nous raconte que des employés de la Caisse de sécurité sociale, située en face de son café, traversent souvent la rue l'après-midi pour venir suivre la course chez lui. Mais lui ne s'intéresse guère au Tour, encore moins au cyclisme en général. Il est d'ailleurs incapable de citer un nom de cycliste, si ce n'est Lance Armstrong. « Vous savez, le mec qui était très malade, celui qui a eu un cancer, précise-t-il. Ouais, lui, je l'aime bien. Peut-être bien que les cyclistes sont dopés, et franchement, je m'en fiche. Mais Armstrong, ça c'est un dur à cuire. »

Le devoir du survivant

Lance Armstrong a appris qu'il souffrait d'un cancer des testicules au début du mois d'octobre 1996. Pendant deux mois et demi, il fut gravement malade et réalisa qu'il avait eu énormément de chance de survivre à la partie la plus périlleuse de son traitement : une intervention chirurgicale qui permit d'ôter les deux lésions cancéreuses logées dans son cerveau. Le 13 décembre, il terminait sa quatrième et dernière session de chimiothérapie. Après quoi il entama sa convalescence. Quoique les séances de chimiothérapie l'aient épuisé et affaibli, les premières semaines de convalescence lui parurent plus difficiles encore. Constamment fatigué, il était très frustré de ne pouvoir rien faire pour se remettre plus vite de la maladie. Immédiatement après qu'on lui eut diagnostiqué un cancer, Armstrong avait acheté une multitude de livres traitant de cette maladie et, maintenant qu'il était physiquement incapable de faire quoi que ce soit pour lui-même, il se mit à lever les yeux au-delà de sa propre personne. À l'époque, huit millions d'Américains vivaient avec le cancer. Ce qui signifiait que de nombreux compatriotes se trouvaient dans la même situation que lui. Aussi, lorsque les radios et les analyses sanguines prouvèrent que son organisme réagissait au traitement préconisé, Armstrong, soulagé, comprit ce que le corps médical avait accompli pour lui. Son oncologue, le Dr Craig Nichols, fut le premier à suggérer à Lance Armstrong qu'il pourrait s'impliquer dans la bataille contre le cancer, à travers une action bénévole au service de la communauté des cancéreux. Nichols avait lancé l'idée sans trop y croire. Armstrong fit savoir qu'il aimerait faire quelque chose. « J'avais entendu ce discours chez un certain nombre de personnes célèbres, se souvient Nichols. Mais c'était toujours une promesse de nouveau guéri, une confession de dernière minute, sans plus de valeur. Je me suis dit : "Allez, au mieux, on aura peut-être une petite course de vélos une fois par an, avec à la clef 50 000 dollars de temps à autre"[1]. »

C'est à peu près à cette époque que Nichols s'entretint avec Armstrong de ce qu'il appelait « le devoir des survivants ». Un concept inventé par l'oncologue pour responsabiliser ceux qui survivent à un cancer, leur transmettant la mission d'aider d'autres personnes atteintes. Armstrong avait mené une lutte victorieuse contre la maladie, il avait vécu une expérience extrêmement violente, et il se trouvait maintenant à un point où le pronostic indiquait qu'il était tiré d'affaire. Aussi était-il très reconnaissant envers ses oncologues Larry Einhorn et Craig Nichols, son neurochirurgien Scott Shapiro, et toute l'équipe médicale qui lui avait permis de traverser les étapes les plus éprouvantes de sa maladie.

À la fin de son troisième cycle de chimiothérapie, il téléphona à son manager et avocat Bill Stapleton et lui dit : « Peux-tu te renseigner pour savoir combien ça coûterait de

1. *Chicago Tribune*, 2 juillet 2002.

lancer une fondation caritative [1] ? » Armstrong, Stapleton et deux autres amis du coureur, Bart Knaggs et John Korioth, se retrouvèrent autour d'une table d'un restaurant d'Austin, et c'est là qu'ils discutèrent des modalités pratiques pour créer une fondation, et récolter de l'argent. L'idée d'une course cycliste fut rapidement adoptée : elle serait organisée dans la région d'Austin, Armstrong lui-même serait au départ, d'autres cyclistes célèbres seraient invités, et ils chercheraient à entraîner dans leurs roues le plus de monde possible. Ils l'appelleraient « la Course des Roses ». Lorsqu'ils se demandèrent qui allait gérer le projet, Korioth leva la main.

À cette époque, Korioth – que Lance et ses amis surnommaient « La Fac » parce qu'il était allé à l'Université – travaillait à mi-temps dans un bar. Il expliqua que son job lui laisserait largement le temps de se consacrer pleinement à la fondation. Un an plus tard pourtant, Korioth mettait un terme à son engagement au sein de la fondation et cessait toute relation avec Lance Armstrong. Les deux ex-meilleurs amis ne devaient plus s'adresser la parole pendant plus de trois ans. Ils se rabibochèrent finalement en 2001, lorsque Korioth monta au créneau pour défendre Armstrong face aux premières accusations de dopage. « Je n'ai jamais vu quoi que ce soit, pas le moindre signe susceptible de me laisser croire qu'il ait pu ne serait-ce qu'y penser. Outre les raisons purement médicales de ne pas se fourvoyer là-dedans, Lance doit bien se dire : "Qu'est-ce qu'un truc comme ça risque de faire à ma réputation ?" L'US Postal l'aurait débarqué. Ses sponsors l'auraient lâché. Il a tout à perdre à ce petit jeu-là, et rien à gagner [2]. »

---

1. Lance Armstrong et Sally Jenkins, *Il n'y a pas que le vélo dans la vie*, trad. de Dominique Rinaudo, Albin Michel, 2000.
2. *Texas Monthly*, juillet 2001.

Armstrong fut particulièrement impressionné d'entendre un homme, à qui il n'avait pas adressé la parole depuis plus de trois ans, le défendre de la sorte. Il envoya aussitôt un billet d'avion à Korioth afin que celui-ci puisse se rendre en France pour la dernière semaine du Tour et assister à son arrivée triomphale sur les Champs-Élysées à l'été 2001.

Malgré les soubresauts à la direction de la Fondation Lance Armstrong, liés à l'arrivée puis au départ subit de Korioth, la petite structure prit rapidement un poids considérable. En 1997, au terme de sa première année d'existence, la fondation avait levé pas moins de 250 000 dollars. Cinq ans plus tard, le total des dons avoisinait les 7 millions de dollars[1], et en 2005, soit huit ans seulement après le repas des quatre amis qui avait présidé à sa naissance à Austin, la Fondation Lance Armstrong pesait pas moins de 52 millions de dollars.

Les avantages inattendus

Lorsque Armstrong eut la certitude qu'il était en voie de guérison et que, selon toute vraisemblance, il était maintenant débarrassé du cancer, il commença à porter un regard différent sur sa propre expérience de malade. Il rencontra d'autres personnes qui avaient survécu à un cancer et qui lui expliquèrent que, d'une certaine façon, il avait eu de la chance... d'être atteint par cette maladie. Armstrong ne comprit pas tout de suite en quoi cette maladie pouvait être une aubaine, mais l'idée fit peu à peu son chemin. Cela changea sa façon

---

1. Lance Armstrong et Sally Jenkins, *Chaque seconde compte*, trad. de Pierre Girard, Albin Michel, 2003.

de voir les choses, d'appréhender la vie, d'apprécier chaque opportunité, au point de transformer, comme il l'affirma lui-même, un « athlète paresseux » en un sportif sérieux et ambitieux. Mais ce portrait de lui-même en coureur flegmatique, peu travailleur dans sa période précancer, ne colle pas franchement avec l'image que dessineraient ses anciens coéquipiers : après tout, il avait été suffisamment bosseur pour conquérir le titre de champion du monde sur route au terme de sa première saison complète sur le circuit professionnel, à Oslo en 1993, s'adjuger deux étapes du Tour de France et deux classiques d'importance[1]. Mais il est indéniable toutefois que le cancer cristallisa ses ambitions de carrière et sa détermination à parvenir au sommet par tous les moyens.

Son statut de survivant du cancer lui offrit en outre des opportunités commerciales qui ne se seraient sans doute jamais présentées autrement. Dans un entretien accordé en 2001 au journaliste texan Mike Halle, son agent et avocat Bill Stapleton discuta de l'évolution du « produit » Lance Armstrong. « Au départ, nous avions cette marque sortie de nulle part : un mélange de Texan un poil bravache et de sport européen intéressant. Ajoutez une couche de survivant du cancer, pour élargir et épaissir la marque. Mais, même en 1998, les sponsors ne s'intéressaient que très peu à Lance. Et puis, il remporta le Tour de France en 1999 et la marque était aboutie. Vous aviez toutes les couches possibles : le père de famille, le héros, le come-back du siècle, etc. » À partir de là, tout le monde se l'arracha. Dans le mélange « Texan qui cartonne dans un sport européen, plusieurs fois vainqueur du

---

1. Étapes remportées à Verdun (1993) et Limoges (1995), puis deux classiques d'un jour, Saint-Sébastien (1995) et La Flèche wallonne (1996).

Tour de France, survivant du cancer », c'était bien le dernier facteur qui mit Armstrong sur orbite et fit de lui une star.

Après sa première victoire sur le Tour en 1999, les contrats d'Armstrong avec les firmes Nike, Coca-Cola, Bristol Myers, Trek et Oakley atteignirent les 5 millions de dollars. En l'espace d'un an, ses revenus liés au sponsoring doublèrent. Son salaire de leader de l'équipe US Postal passa de 2 à 8 millions de dollars et Tailwind Sports, la société propriétaire de l'équipe, s'engagea à lui verser des primes étagées pour un total de 19 millions de dollars dans l'éventualité où il s'imposerait lors des Tours de France 2001, 2002, 2003 et 2004. Les primes étaient ventilées par année : 2 millions de dollars pour 2001, 3 millions pour 2002, 4 millions pour 2003 et 10 millions pour 2004 [1]. Des émoluments impressionnants, du jamais-vu dans le cyclisme professionnel d'avant l'explosion du phénomène Armstrong. Le Texan se retrouvait dans une situation unique : il était effectivement en train de prouver, à lui-même mais aussi à la face du monde, qu'il était le cycliste au palmarès le plus impressionnant de l'histoire de ce sport, et pourtant, c'était avant tout pour sa victoire sur le cancer qu'il était connu et adulé comme un héros et un modèle pour les malades.

Le cancer devint aussi pour lui un bouclier face aux accusations de dopage. « Vous pensez réellement qu'après ce que j'ai traversé, j'irais m'injecter des substances bizarres dans le corps ? » répliquait Armstrong quand des questions lui étaient posées sur ce sujet. « Vous me prenez pour un fou ? » Telle était sa ligne de défense favorite dans les premières années. Une stratégie qui – particulièrement auprès du grand

1. Chiffres fournis par Bob Hamman, président de SCA Promotions.

public – faisait mouche systématiquement et balayait tous les soupçons. « Si vous avez eu un cancer testiculaire à un stade avancé et que vous avez frôlé la mort, est-ce que vous seriez prêt à mettre votre santé en jeu avec des produits destinés à des personnes vraiment très malades ? » De loin, l'argument semblait tenir – du moins jusqu'à ce qu'on s'aperçoive que les substances utilisées dans son traitement du cancer, l'EPO et les stéroïdes, étaient justement les deux produits dopants les plus fréquemment utilisés dans le cyclisme.

Le plus grand bénéfice que Lance Armstrong ait pu tirer de son statut d'icône du cancer est sans doute que cette « maladie du siècle » émeut bien plus le public que le sport en lui-même. C'est pourquoi de nombreuses personnes qui avaient pourtant entendu les accusations portées à son encontre, les arguments selon lesquels il avait dû se doper pour remporter le Tour de France autant de fois d'affilée, décidèrent malgré tout que l'action qu'il menait, le message qu'il véhiculait dans la lutte contre le cancer, servait une cause bien plus noble que de savoir s'il avait ou non triché dans une simple course de vélos. De ce point de vue, la question était simple : Lance Armstrong est-il un instrument du Bien ou du Mal ? Et pour bien des gens, la réponse était évidente : il était un agent du Bien.

À une époque où tant d'athlètes – Ben Johnson, Marion Jones, Tim Montgomery, Justin Gatlin, Roger Clemens, Barry Bonds et tant d'autres – voyaient leurs réputations piétinées en place publique, Lance Armstrong était donc le dernier chevalier blanc.

Le regard de Kimmage

Paul Kimmage quitta Dublin, la ville où il était né, au début de l'année 1984. Une formation de plombier en poche, il était poussé par la ferme intention de se lancer dans le cyclisme professionnel. Son frère Raphael et lui quittèrent la maison familiale, située dans un quartier ouvrier de la capitale irlandaise, et s'installèrent dans un appartement exigu de Vincennes, à l'est de Paris. Une équipe parisienne amateur de très bon niveau, l'ACBB, les avait recrutés et les frères Kimmage voyaient cela comme le premier échelon de leur ascension vers le sommet du cyclisme professionnel. Phil Anderson, Robert Millar, Stephen Roche et Sean Yates... Tous ces coureurs de langue anglaise avaient fait leurs classes au sein de l'AC Boulogne-Billancourt, et les Kimmage étaient persuadés qu'ils pourraient avancer dans la roue de leurs illustres prédécesseurs et épouser des trajectoires professionnelles similaires. Malheureusement pour eux, leurs espoirs furent vite douchés : leur saison avec l'ACBB fut loin, très loin de leurs attentes, et, tandis que les frères Kimmage s'acharnaient sur les différentes courses françaises, le directeur sportif de l'ACBB les traitait froidement et sans ménagement. En mauvaise forme, le moral en berne, Raphaël réalisa une piètre saison et, avant même la fin de l'année, il jeta l'éponge et rentra à Dublin. Paul s'accrocha jusqu'à la fin de la saison, mais ses résultats ne lui permirent pas de décrocher un contrat professionnel.

Ils n'abandonnèrent pas pour autant leurs rêves d'enfants. La saison suivante, les frères Kimmage roulaient pour une formation réputée du nord de la France, le CC Wasquehal. Fort de quelques bonnes performances, Paul fut invité par le directeur sportif professionnel Jean de Gribaldy à prendre le départ des 575 kilomètres de la course Bordeaux-Paris. Les organisateurs voulaient un amateur dans le peloton et – chance ou malchance – ce fut l'aîné des Kimmage qui fut choisi. Bien qu'il n'ait pu se préparer pour cette course marathon qui se déroulait en partie de nuit, Kimmage avait rallié l'arrivée à Paris et sa hargne, son courage et son jusqu'au-boutisme impressionnèrent Gribaldy. Il avait réalisé un certain nombre de bons résultats au cours de cette saison 1985, notamment lors des Championnats du monde amateurs de Montello, en Italie, où Kimmage s'était classé sixième malgré une crevaison au dernier kilomètre. Vers la fin de saison, la jeune formation française RMO lui offrit un contrat de deux ans et si vous aviez connu ce gamin, vu les murs de sa chambre tapissés de posters d'Eddy Merckx, vous vous seriez dit qu'un contrat pro représentait sans doute pour lui le rêve de toute une vie. À l'époque, c'est d'ailleurs ce que pensait Kimmage, mais même avant d'apposer sa signature au bas de ce premier contrat professionnel, quelque chose lui disait que le monde du cyclisme professionnel ne faisait pas de place aux rêves d'enfant. Si seulement il avait suivi son instinct...

Il ne lui fallut pas attendre bien longtemps avant de voir ses craintes se matérialiser. Ses précédentes expériences dans le cyclisme amateur avaient déjà en partie levé le voile sur la culture du dopage. Chaque fois qu'il interro-geait à ce sujet l'un des soigneurs ou un coureur plus expé-rimenté, c'était la même réponse : tout ce qu'il pouvait voir chez les amateurs n'était rien comparé à ce qui avait cours chez les professionnels. Il courut pendant quatre ans sur le circuit professionnel ; d'abord pour RMO, puis chez Fagor. Ce qu'il vit lui fit comprendre que le dopage était dans le cyclisme aussi prépondérant que l'entraînement ou l'alimentation, aussi anodin qu'un massage et aussi toléré que l'effort. À l'extérieur de la sphère cycliste, personne n'osait en parler, mais, dans le milieu, c'était un sujet qui revenait fréquemment dans les discussions. Si vous refusiez de vous doper, vous étiez au mieux un grand naïf, au pire un « loser ». Kimmage était issu d'une famille où on lui avait inculqué de saines valeurs visiblement dépassées, telles que l'intégrité et l'honnêteté. Et même s'il comprenait la logique qui poussait ses copains à se doper, il ne pouvait s'y résoudre lui-même. Il acheva pour la première fois le Tour de France en ne carburant à rien d'autre qu'à l'eau minérale et, quoique fou de joie d'être allé au bout, il ressentit rapidement un profond dégoût pour le cyclisme.

Ce que Kimmage ne pouvait plus supporter, c'était que les responsables du cyclisme tolèrent cette culture du dopage. Il avait pris part à des courses où les panneaux « contrôle médical » n'étaient que des leurres. D'après ce que Kimmage put constater, le coureur professionnel arrivait rapidement à un carrefour où il devait choisir sa route. D'un côté, le dopage, avec la possibilité de remporter des courses et d'empocher de gros chèques ; de l'autre, une course à la régulière, mais sans le moindre espoir de décrocher des titres ni de faire fortune. Le fait que les coureurs soient placés, seuls, face à ce choix cornélien lui semblait inacceptable, diabolique. Aussi Kimmage passa-t-il sa dernière saison à tenter de mettre à bas le système en le dénonçant publiquement. En 1990, il fit sensation en publiant *Rough Ride* [1], l'histoire d'un coureur perdu dans l'univers désenchanté et amoral du cyclisme

1. Random House, 1990.

professionnel. Alors que chaque détail de son témoignage bouleversant respirait l'authenticité, la grande famille du cyclisme fit bloc contre lui et traita Kimmage de menteur. Il fallait protéger le secret. Kimmage était un de ces sales types qui n'aspirent qu'à cracher dans la soupe. Le public ne s'en laissa pourtant pas compter. Le livre de Kimmage s'arracha en librairie et reçut la distinction de livre de l'année par le jury du « William Hill Sports Book » en Grande-Bretagne.

Ce livre vérité, saisissant et touchant, valut à Kimmage les honneurs du monde de l'édition et, peu de temps après la publication de l'ouvrage, le quotidien irlandais *The Sunday Tribune* lui proposa de rédiger une chronique dans la rubrique sportive. Il commença par couvrir le Tour de France et d'autres courses cyclistes mais, constatant que le monde du vélo refusait obstinément de s'attaquer au problème du dopage, il perdit tout intérêt à écrire sur le cyclisme et se concentra plutôt sur le golf, le rugby, et d'autres disciplines sportives. Durant les années Lance Armstrong, il garda ses distances avec le Tour de France, pour n'y revenir qu'après la retraite de l'Américain, lorsqu'il eut le sentiment qu'un certain nombre d'équipes essayaient réellement de faire le ménage et de courir selon des principes sains. Il se mit à croire aux prises de position antidopage des équipes américaines Garmin et Columbia, tout comme à un certain nombre de formations françaises. Kimmage retourna sur le Tour en 2006, cette fois pour le quotidien britannique *The Sunday Times*. C'était l'année Floyd Landis. Kimmage assista à la journée catastrophe de Landis lors de la première étape alpestre, au cours de laquelle le coureur américain s'était trouvé mal et avait perdu dix minutes, avant de suivre son impensable cavalier seul le lendemain. Pour Kimmage, c'était tout simplement impossible – et il l'écrivit. De-ci, de-là, il percevait des indices encourageants et lorsque Landis fut déclaré positif (à la testo-stérone), il y vit un signal fort. Si les organisateurs de la course étaient prêts à sanctionner les plus grosses stars du peloton, alors le cyclisme avait peut-être encore une chance.

« Il est le cancer de ce sport »

Il couvrit les Tours 2007 et 2008 pour le *Sunday Times* et, chaque fois, il trouva des raisons d'espérer, même si un certain nombre de coureurs et de formations continuaient à s'adonner à la culture du dopage. Sur le Tour 2008, il passa trois semaines à suivre l'équipe Garmin, à vivre parmi les coureurs et leur manager, l'ancien coureur de l'US Postal Jonathan Vaughters. Christian Vandevelde, l'homme clé de la formation Garmin, était lui aussi un ancien coéquipier d'Armstrong à l'US Postal. À la lecture des papiers de Kimmage, on comprenait que, depuis qu'il avait rejoint la formation Garmin, Vandevelde ressentait à quel point son passage à l'US Postal l'avait marqué. À de petits riens, on entrapercevait tout un mode de fonctionnement biaisé. Comme le jour où les coureurs de l'US Postal durent grimper une brève côte, mais particulièrement abrupte, afin que l'on mesure leurs niveaux d'acide lactique. Dans les tests précédents, Armstrong avait présenté le meilleur taux d'acide lactique – c'est-à-dire le plus bas – et l'équipe accepta l'idée qu'il était le leader de la formation. Mais, ce jour-là, ce fut un autre coureur qui réalisa le meilleur « taux ». Or, le patron de la formation corrigea les chiffres et déclara à tout le monde que c'était encore Lance Armstrong qui présentait le meilleur résultat.

Kimmage fut séduit par ce qu'il put voir au sein de l'équipe Garmin, ainsi que l'approche transparente de Vaughters. Pour lui, il ne faisait aucun doute que ce directeur sportif était déterminé à mener une équipe débarrassée de la pratique dopante. Tout aussi rassurante, la présence aux côtés de Vaughters du Dr Prentice Steffen, qui avait collaboré avec l'US Postal en 1996 avant d'en être évincé pour ne pas avoir renié son sens de l'éthique médicale auprès de coureurs qui lui avaient demandé de faire «plus». Kimmage commença à croire qu'il y avait encore de l'espoir pour un cyclisme plus propre. Mais lorsque Armstrong annonça en septembre 2008 son intention de revenir à la compétition, Kimmage le vécut comme un épouvantable retour en arrière, du rétropédalage vers le passé obscur du cyclisme. Peu après l'annonce d'Armstrong, la radio de Dublin, Newstalk, contacta Kimmage afin d'obtenir sa réaction face au grand retour de l'Américain.

« Ma réaction au retour d'Armstrong ? dit Kimmage. C'est très simple : en quelques heures, tout l'enthousiasme que j'avais peu à peu reconstruit autour de ce sport au cours des dernières années s'est totalement écroulé. Tout est balayé, tous mes espoirs sont réduits à néant. Il [Lance Armstrong] veut nous faire croire que, s'il revient, c'est pour sauver l'humanité tout entière du cancer. Tout ça, c'est des conneries. Ce n'est ni plus ni moins qu'une vengeance personnelle. C'est une question d'ego. Le seul truc qui intéresse Lance Armstrong, c'est Lance Armstrong. Je pense qu'il cherche à réécrire sa sortie de ce sport. Il a pris du recul ces deux dernières années, il a bien observé le monde du vélo et il ne peut pas supporter l'idée que, aujourd'hui, des coureurs propres sont sur le point d'effacer sa légende et de le renvoyer directement au fond des toilettes de l'histoire, avec toute la merde qu'il a fait endurer à ce sport… Ce type, avec sa manie d'intimider les gens, son agressivité, le tout drapé dans son bel habit de martyr du cancer, c'est ça qu'il essaie constamment de dissimuler… Le héros qui a vaincu le cancer ? Eh bien c'est lui, le cancer de ce sport. Pendant deux ans, ce sport a connu une rémission. Et maintenant, le cancer est de retour. »

En exprimant publiquement sa déception de voir Armstrong revenir à la compétition, Kimmage ne faisait que dire haut et fort ce que beaucoup pensaient tout bas, à savoir que ce grand retour était davantage une tentative d'Armstrong de transposer son image plutôt qu'une réelle volonté de sensibiliser le public au problème du cancer. « Armstrong apprécie les petits jeux de manipulation mentale un peu comme la plupart des gens apprécient une tasse de café le matin. Il annonce en fanfare qu'il participera à certaines courses à travers le monde l'année prochaine pour aider la recherche contre le cancer, une maladie qui l'a touché en 1996. C'est un objectif tout ce qu'il y a de plus louable, et ce combat, il est fermement décidé à le mener dans des pays particulièrement en retard dans la lutte contre le cancer. Mais pourquoi l'Australie [en participant au Tour Down Under], les États-Unis [le Tour de Californie], l'Italie [le Giro] et probablement la France [le Tour] ? Pourquoi ne prend-il pas plutôt le départ du Tour du Burkina Faso, ou du Tour des Philippines, où le message qu'il prétend porter est aujourd'hui encore inaudible… Ça, ça m'échappe… »

Kimmage était allé très loin en traitant Armstrong de cancer du cyclisme et, en quelques heures, ce qui n'était pourtant qu'une brève interview diffusée sur une radio locale de Dublin fit le tour du monde et fut retranscrit dans son intégralité sur Internet. C'était la première fois que quelqu'un osait s'attaquer à Armstrong sur son point fort – sa position d'icône de la lutte contre le cancer. Jamais les critiques d'Armstrong n'étaient allées jusqu'à en faire non plus une victime du cancer, mais le cancer qui ronge ce sport. Kimmage envoya aussitôt un courriel au porte-parole officiel de Lance Armstrong, Mark Higgins, pour solliciter une interview avec le coureur en rappelant que, lors de la conférence de presse annonçant son grand retour en septembre 2008, Armstrong avait promis une transparence complète. Dans sa réponse, Higgins laissait entendre que l'entretien pourrait éventuellement avoir lieu et Armstrong lui-même, dans les colonnes du magazine *English Cycling*, confirmait qu'il était sur le point d'accepter la rencontre avec Kimmage. Finalement – et il fallait sans doute s'y attendre –, l'entretien n'eut jamais lieu. Kimmage ne se découragea pas et quitta l'Irlande pour se rendre en février 2009 sur le Tour de Californie, fermement décidé à poser quelques questions au coureur. Il s'invita à la conférence de presse d'avant course, le 10 février, et s'assit au premier rang. Une fois passée la première série de questions consensuelles adressées à Armstrong, Kimmage leva la main. Il commença en rappelant la déclaration d'Armstrong selon laquelle Floyd Landis et Ivan Basso devraient être réintégrés dans la grande famille du cyclisme, comme cela avait été le cas pour David Millar. Tous les trois avaient été suspendus deux ans pour violation des règlements antidopage. Mais la différence, observa Kimmage, était que Millar avait exprimé des remords à l'inverse des deux autres. « Qu'est-ce que vous admirez tant chez ces coureurs dopés ? » demanda Kimmage à Armstrong.

Avant de répondre directement à la question, Armstrong répéta qu'il était revenu à la compétition pour une raison très noble : éveiller les consciences face au fléau du cancer. Puis il rappela à l'assistance ce que Kimmage avait déclaré à la radio de Dublin.

Finalement, Armstrong répondit à la question qui lui était posée, à savoir ce qu'il admirait chez ces coureurs dopés. Millar, expliqua-t-il, avait été pris la main dans le sac[1]. « Est-ce que ça veut dire qu'il a été très courageux en reconnaissant sa faute ? Certains le pensent sans doute », ajouta-t-il, suggérant que lui-même ne lui reconnaissait aucun mérite pour avoir avoué sous la pression de la police. Il fallait lire entre les lignes. Armstrong et Millar avaient été bons amis et, à un moment, l'Américain avait même tenté d'intégrer Millar à son équipe. Mais ce recrutement n'avait finalement pas abouti. Puis il y avait eu l'aveu de Millar, immédiatement suivi de son engagement à rouler propre, martelé à longueur d'interviews et scellé par sa décision de rejoindre la formation Garmin de Vaughters. Depuis lors, sa relation avec Armstrong s'était considérablement refroidie. Lorsque l'Américain annonça son retour, il trouva dans le peloton nombre d'anciens amis pour lui souhaiter la bienvenue. Millar n'en faisait pas partie. Mais la question de Kimmage portait sur Landis et Basso, qui avaient refusé de reconnaître qu'ils s'étaient dopés, et qu'Armstrong était pourtant disposé à accueillir chaleureusement au sein du peloton.

L'Américain expliqua ensuite pourquoi il admirait Landis et Basso « en tant que personnes, en tant qu'hommes ». Et de toute façon, ajouta-t-il, la coutume et la politesse veulent qu'on accueille avec bienveillance ceux qui ont commis des erreurs et qu'on passe l'éponge sur leurs transgressions. « En revanche, précisa-t-il, je ne vous pardonnerai jamais pour avoir tenu ces propos à mon encontre, et je ne crois pas que

---

1. Le coureur écossais avait été impliqué dans l'« affaire Cofidis » en 2004.

qui que ce soit qui ait été affecté par cette maladie à travers le monde puisse vous le pardonner. » Armstrong ressortait, encore et toujours, et sans une once de subtilité, la carte du cancer. À ce point de la discussion, Kimmage était passablement fatigué d'entendre Armstrong se draper dans les fils de la vertu. « Vous n'avez pas le monopole du cancer », dit-il avant d'ajouter que sa propre famille n'avait pas été épargnée, loin s'en faut, par cette maladie. Kimmage n'avait plus de micro, sa réponse se perdit dans le brouhaha de la salle. Comme lors de chaque conférence de presse de Lance Armstrong, ceux qui posent des questions indélicates ou critiquent ouvertement le coureur peuvent avoir accès au micro une fois, mais jamais deux.

Au secours des dopés

Kimmage repensa à la réponse du coureur et à la façon dont il se servait de sa réputation mondiale de héraut de la lutte contre le cancer. Pour qu'il n'y ait pas de malentendu sur ce qu'il pense vraiment d'Armstrong et des déclarations de celui-ci affirmant qu'il fallait pardonner aux coureurs qui s'étaient dopés et oublier leurs erreurs, Kimmage écrivit le texte suivant qu'il nous demanda d'inclure dans ce livre.

> Il est 15 h 15 en ce jour de Saint-Valentin à Sacramento. L'homme qui a vaincu le cancer grimpe les marches de la rampe de départ installée sur l'avenue Capitol Mall. Il y a dix ans, Matt Wilson apprenait qu'il était atteint de la maladie de Hodgkin [1]. Aujourd'hui, il est toujours là, et il gagne sa vie en pratiquant

1. Maladie mortelle caractérisée notamment par la tuméfaction des ganglions, qui se soigne par radiothérapie et chimiothérapie.

sa passion : le vélo. Il engage ses chaussures dans les cale-pieds, emplit ses poumons d'oxygène et se prépare à laisser la douleur envahir son corps. Soudain, c'est à lui : il donne le premier coup de pédale et dévale la rampe. Aucune réponse. Aucune réaction de la foule : personne pour crier son nom – très peu de spectateurs le connaissent. Les encouragements griffonnés à la craie sur la route ne lui sont pas adressés. Sur les affiches, au-dessus du slogan « L'espoir repart pour un tour », ce n'est pas son visage que l'on voit. Pourquoi ? Ne mérite-t-il pas des encouragements ? N'inspire-t-il pas l'espoir ? Ne don-ne-t-il pas une belle leçon de courage et d'acharnement ? Et si, dans cette histoire, il n'était finalement question *que* de vélo ? Et s'il ne s'agissait finalement que de gagner à tout prix ? Et si le « brevet » du cancer appartenait à quelqu'un d'autre ?

J'ai une question pour Lance Armstrong. C'est une question que je cherche à lui poser depuis près de quatre ans maintenant, depuis son (faux) discours d'adieu sur les Champs-Élysées en juillet 2005, après son septième sacre sur l'épreuve reine du cyclisme mondial. Vous ne vous souvenez peut-être pas qu'un autre coureur dopé, Jan Ullrich, se tenait alors sur la deuxième marche du podium et qu'un autre encore, Ivan Basso, occupait la troisième. Et vous ne vous rappelez probablement pas non plus la teneur de son discours d'adieu. « Je suis sur un podium de rêve, lança-t-il à l'adresse de ses fans. Jan est vraiment quelqu'un de spécial, un concurrent à part. Ivan… Ivan, toi tu es franchement pas un cadeau non plus, comme concurrent. Tu es un véritable ami et tu incarnes sans doute la relève, l'avenir de cette course dans les prochaines années. » Puis il ajouta : « Quant à ceux qui ne croient pas au cyclisme, les cyniques, les sceptiques : vous me faites pitié. C'est vraiment triste que vous soyez incapables de rêver, inca-pables de croire aux miracles. Cette course, c'est vraiment une course folle, extraordinaire. C'est un événement sportif unique en son genre et vous devriez croire en ces athlètes, vous devriez croire en tous ces gens-là. »

Ces gens-là, c'était aussi Francisco Mancebo, quatrième du Tour cette année-là avant d'être confondu pour dopage. C'était encore Alexandre Vinokourov, cinquième, évincé du Tour 2007 pour recours aux transfusions sanguines. Sans oublier Michael Rasmussen, le roi des montagnes, qui allait bientôt les rejoindre au sein de la communauté de la seringue. Je me souviens avoir secoué la tête, ébahi, tandis que je relisais le compte rendu de son discours.

Qu'est-ce qu'il admire tant chez tous ces coureurs dopés ? Un jeudi après-midi à Sacramento. J'ai levé la main lors d'une conférence de presse et posé une question. Armstrong n'a pas eu l'air d'apprécier. Il rappelle au public – composé majoritairement de ses fans – les propos que j'ai tenus l'automne dernier à la radio, après l'annonce de son retour. « Lorsque j'ai décidé de revenir pour une raison que je trouve très noble, vous avez déclaré : "Hé les gars, on était en rémission pendant quatre ans mais maintenant le cancer – c'est-à-dire moi – est de retour." Eh bien je suis là pour combattre cette maladie. Je suis là pour ne plus jamais y être confronté, pour que vous n'y soyez jamais confronté, pour qu'aucun de nous n'y soit jamais confronté, pour que mes enfants n'y soient jamais confrontés et pourtant, vous vous obstinez à dire que c'est moi le cancer. »

Une femme assise à côté de moi est horrifiée. Je demande au modérateur le micro afin de pouvoir répondre, mais il n'accède pas à ma demande. Armstrong n'a pas terminé. « Vous ne valez même pas le prix de la chaise sur laquelle vous êtes assis, pour oser tenir des propos pareils, assène-t-il. Parler ainsi d'une maladie qui touche l'ensemble de la population mondiale. » Et peut-être bien qu'il a raison. Peut-être que l'analogie avec le cancer était déplacée. Mais cela fait des heures que je ressasse toute l'histoire… 1999, sa première victoire dans le Tour… sa collaboration avec Michele Ferrari… les confessions de ses anciens coéquipiers… les six échantillons d'urine contenant de l'EPO, qui dorment dans le congélateur d'un laboratoire parisien et qu'Armstrong ne veut en aucun cas voir testés à nouveau... Alors je ne sais plus. Et puis, il y a son agressivité permanente. Quand je pense à Armstrong et à l'empreinte qu'il laissera sur le cyclisme, la première chose qui me vient à l'esprit, c'est cette agressivité...

Juin 1999, dernière étape du Critérium du Dauphiné Libéré. Au terme d'une semaine de course, le peloton se rapproche d'Aix-les-Bains. Christophe Bassons, un Français de 25 ans, tente une échappée. C'est un talent brut qui n'a jamais pleinement développé son potentiel. Son nom est aussi très connu dans le milieu car il fut l'un des rares membres de la tristement célèbre formation Festina à ne pas avoir sombré dans le dopage.

Mais tout le monde n'est pas de son côté.

Tandis que Bassons fonce en direction d'Aix-les-Bains, Armstrong ordonne à l'un de ses lieutenants au sein de l'US Postal de contre-attaquer. « Lance voulait que nous nous lancions à sa poursuite », se souvient Jonathan Vaughters. « Il ne voulait surtout pas que Bassons remporte l'étape. Il ne l'aimait pas, je crois. J'étais contre l'idée de se lancer à sa poursuite car nous n'avions pas le maillot jaune et ce n'était donc pas à nous de le faire. » Armstrong finit par jeter l'éponge. Bassons remporte l'étape et, un mois plus tard, il effectue ses grands débuts sur le Tour de France. Une année s'est écoulée depuis le scandale Festina de 1998, et l'on présente déjà cette course comme « le Tour du renouveau ». Pourtant, aucun test ne permet encore de déceler l'EPO ou les hormones de croissance, et, très vite, Bassons sent que rien n'a changé. « Nous roulons à une vitesse moyenne de cinquante kilomètres heure, souligne-t-il dans les colonnes du *Parisien*, comme si les routes de France n'étaient qu'une descente géante. »

Mais tout le monde n'est pas de cet avis.

À la dixième étape, entre Sestrières et l'Alpe-d'Huez, Bassons attaque peu de temps après le départ et est aussitôt pris en chasse par l'US Postal. Tandis que le peloton le rattrape et l'engloutit à nouveau, il sent la main de la nouvelle icône du cyclisme se poser sur lui.

— Qu'est-ce que tu fabriques ? lui demande Armstrong.

— Ben, j'attaque, je fais la course, répond Bassons.

— Tu sais très bien de quoi je parle : ce que tu racontes aux journalistes, c'est pas bon pour le cyclisme.

— Je dis ce que je pense, c'est tout, réplique Bassons. J'ai dit qu'il y avait toujours du dopage, et je le maintiens.

— Si c'est pour ça que t'es là, il vaudrait peut-être mieux que tu rentres chez toi et que tu te trouves un autre métier.

— Si j'ai des choses à dire, je les dirai, insiste Bassons.

— Ah, va te faire foutre.

La pression devint rapidement insupportable pour Bassons ; les organisateurs lui tombaient dessus, ses coéquipiers de la Française des jeux l'évitaient, et Armstrong le maudissait. Il abandonna deux jours plus tard, juste avant l'étape de Saint-Flour. Victime de l'omerta. Il ne vit jamais la banderole déroulée près de l'arrivée ce jour-là : « Pour un Tour propre, il vous faut Bassons. » Et le Tour ne le revit plus jamais.

Juin 1999. Jonathan Vaughters se tient au sommet du mont Ventoux. Il porte le maillot de leader du Critérium du Dauphiné Libéré. Il vient d'établir un nouveau record dans l'ascension du col en livrant la plus belle performance de sa vie de cycliste et, pourtant, il semble étrangement calme sur le podium. « Je n'étais pas pleinement comblé par cette victoire, expliqua-t-il par la suite. C'était intéressant. Cela répondait à de nombreuses interrogations que j'avais pu avoir. Mais c'était loin d'être le moment le plus heureux de ma vie – très loin, même. »

Sa magnifique performance revenait à une victoire de la chimie. Un mois plus tard, il se rend à Nantes pour faire ses débuts sur le Tour de France, mais s'effondre dès la deuxième étape. Il ne supporte pas l'encadrement, ni même la course. Le poids de la culpabilité du mont Ventoux pèse sur lui et il se promet qu'on ne l'y reprendra plus. Il quitte l'US Postal et rejoint le

Crédit Agricole. La formation française lui redonne immédiatement le sourire. Il est enfin chez lui.

En 2000, il remporte une étape du Dauphiné Libéré mais s'effondre à nouveau sur le Tour, dans les étapes de montagne. Un an plus tard, il s'accroche dans les Alpes, puis dans les Pyrénées, et est désormais certain d'arriver jusqu'à Paris lorsque, lors du jour de repos à Pau, une guêpe le pique, faisant enfler son œil comme une balle de golf. Il aurait besoin d'une piqûre de cortisone mais ce traitement est interdit. Impossible d'être exempté pour une simple allergie et hors de question pour son équipe d'outrepasser les règles.

Pour la troisième année de suite, Vaughters ne bouclera pas le Tour de France. Révolté, il décide d'exposer au grand jour l'injustice flagrante qui règne autour de la question du dopage en abandonnant la course juste après le départ de Pau. Tandis qu'il se faufile entre les coureurs pour prendre le départ, traversant le peloton avec son visage tuméfié, il croise quelqu'un qu'il décrira comme « un coureur très célèbre ». Ses pairs, dans leur grande majorité, l'accueillent avec empathie, mais le « coureur très célèbre » le traite avec mépris : « Tiens, revoilà monsieur Jonathan et sa petite équipe débile, crache-t-il. Regarde-toi un peu, tu ressembles à rien. Si tu étais dans mon équipe, on se serait occupés de toi. Mais là, tu vas devoir abandonner le Tour de France à cause d'une piqûre de guêpe. »

Vaughters est écœuré. C'est le moment charnière de sa carrière de cycliste. « Je me suis dit : "Putain, voilà où j'en suis : dans une équipe qui joue selon les règles, face à ce gars qui se moque de nous", se souvient-il. Quelque chose s'est brisé en moi ce jour-là. Quelque chose qui m'a rendu triste, désespérément triste. »

Tout ça, je ne l'ai pas lu sur Twitter.

Février 2009 en Californie. Deux minutes se sont écoulées depuis qu'il a commencé à amuser la galerie en me faisant la leçon sur ses deux copains, les sans-scrupule Basso et Landis.

«Floyd ne pense pas qu'il est coupable, alors pour calmer les gens comme vous, et d'autres, il ne peut pas avouer quoi que ce soit. Il n'estime pas avoir outrepassé les règles, ou s'être rendu coupable de quoi que ce soit. On ne peut pas faire des aveux juste pour que les gens vous laissent tranquille. C'est comme Ivan, que j'admire aussi beaucoup. Et il ne s'agit pas d'admirer des dopés ou des non-dopés : j'admire ces gens pour ce qu'ils sont, en tant que personnes, en tant qu'hommes. Est-ce que nous autres, nous tous, commettons parfois des erreurs ? Oui, sans aucun doute. Et, en tant que société, avons-nous pour devoir de pardonner, d'oublier et de permettre à tous de revenir à leur travail ? Oui, sans aucun doute.»

J'ai une question pour Lance Armstrong. Où était votre belle compassion quand Jonathan Vaughters quittait le Tour ? Quand Christophe Bassons était contraint d'abandonner ? Quel pardon avez-vous accordé à Frankie Andreu et Filippo Simeoni ? J'ai une question pour Lance Armstrong : Pourquoi méprisez-vous à ce point ceux qui s'efforcent de jouer selon les règles ?

Une fondation pour tremplin politique

À la fin de juin 2006, l'avocat d'Armstrong installé à Dallas, Tim Herman, prit l'avion pour Londres afin d'assister à une audience préliminaire dans l'affaire opposant son client au *Sunday Times*. L'affaire concernait un article consacré au livre *L.A. Confidentiel, les secrets de Lance Armstrong*. Cela faisait deux ans que cet article était au cœur d'une âpre bataille judiciaire, et les deux parties s'étaient beaucoup dépensées, financièrement s'entend. Le papier mis en cause était signé Alan English, chef adjoint du service sports de l'hebdomadaire britannique. Il traitait des accusations portées à l'encontre d'Armstrong dans le livre *L.A. Confidentiel*, qui, à l'époque, était sur le point de paraître. Les éléments publiés par le journal ne différaient pas fondamentalement de ce qu'avaient déjà diffusé de nombreux quotidiens à travers le monde, mais étant donné que l'un des auteurs de *L.A. Confidentiel* travaillait pour le *Sunday Times*, c'était ce journal qu'Armstrong avait décidé d'attaquer. Durant deux ans, le journal ne lâcha pas le morceau, défendant vigoureusement les faits rapportés. Tous les témoins cités dans le livre furent retrouvés et assurèrent au journal qu'ils étaient prêts à témoigner sous serment devant la Haute Cour de Londres, et à répéter mot pour mot ce qu'ils avaient déclaré aux auteurs du livre.

Le droit de la presse anglais n'offre que très peu de protection aux publications. Dans cette affaire, la question centrale portait sur l'objectif poursuivi par l'article d'Alan English. Le *Sunday Times* soutenait que cet article n'avait pour autre but que d'exposer les raisons sérieuses de penser qu'Armstrong ait pu se doper. Les avocats d'Armstrong faisaient valoir que le seul objectif de l'article était de dépeindre leur client comme « un escroc, un tricheur et un menteur ». Trois juges furent chargés de rendre une décision sur ce contentieux. Le juge Eady trancha en faveur de Lance Armstrong, le juge Brooke prit le parti du journal et le juge Gray donna raison au coureur – l'article le qualifiait effectivement de « tricheur ». Sachant pertinemment qu'il serait extrêmement difficile de prouver que Lance Armstrong se dopait, le *Sunday Times* était disposé à conclure un accord à l'amiable, mais pas à n'importe quel prix. Les responsables du journal furent surpris d'apprendre que Herman, qui défendait Armstrong, voulait lui aussi parvenir à un compromis.

Herman rencontra donc Richard Caseby, directeur de la publication du *Sunday Times*. Au terme de l'accord, le journal s'engageait à publier une sorte de démenti/clarification, précisant qu'il n'avait jamais eu l'intention d'affirmer qu'Armstrong était dopé. Aux yeux des responsables du journal, il s'agissait d'une clarification. Pour Lance Armstrong et ses avocats, il s'agissait d'un démenti. La seconde partie de l'accord stipulait que le *Sunday Times* était tenu de prendre en charge un tiers des frais de justice engagés par Lance Armstrong. Une fois l'arrangement trouvé, Caseby se dit soulagé car le différend leur avait coûté énormément de temps et d'énergie. Herman répondit que, de toute façon, l'affaire n'aurait jamais été jusqu'au tribunal, car Lance ferait un jour son entrée en politique et qu'il aurait alors été particulièrement gênant pour lui de se retrouver cité dans un procès hypermédiatisé.

Depuis longtemps déjà, l'entrée de Lance Armstrong dans l'arène politique était considérée comme possible, voire probable. Son action au travers de sa fondation lui a, au fil des ans, permis de rencontrer de nombreux responsables politiques et de nouer de véritables liens d'amitié avec certains d'entre eux, au premier rang desquels l'ancien président des États-Unis, George W. Bush. Les deux hommes ont ainsi fait du vélo ensemble. Armstrong a également rencontré des politiciens de tout premier ordre, parmi lesquels l'ancien président Bill Clinton [1] et les ex-candidats à la Maison-Blanche John Kerry et John McCain. Bush et McCain sont Républicains,

---

1. Bill Clinton remit d'ailleurs un chèque (au montant resté confidentiel) en faveur de sa fondation lors du forum organisé sur son initiative le 24 septembre 2008 à New York.

Clinton et Kerry Démocrates, et Armstrong a toujours pris soin de garder un pied dans chaque camp sans s'inféoder à l'un ou l'autre, afin de garder toutes les options ouvertes. Son action au nom de la lutte contre le cancer lui offre une rampe de lancement idéale et suffisante pour faire son entrée dans le monde politique. Il s'était toujours montré réticent à reconnaître publiquement ses ambitions politiques, jusqu'à une interview du site Internet américain The Daily Beast, début 2009. Dans cet entretien, évoquant le poste de gouverneur du Texas [1], Lance Armstrong confirmait qu'il pourrait effectivement se présenter devant les électeurs. En dépit de son nom un peu barbare, The Daily Beast est une source d'informations relativement fiable et très populaire aux États-Unis. Dans un article intitulé « Lance bientôt sénateur ? », l'un de ces web-journalistes demandait à Armstrong s'il se voyait un avenir en politique. Il répondit :

« Si vous avez le sentiment que vous pouvez faire mieux que certaines personnes qui sont actuellement aux commandes, que vous pouvez vraiment faire bouger les choses, alors vous avez une mission, une vocation, et il faut la suivre. Si je suis de retour dans le cyclisme aujourd'hui, c'est parce que j'ai ressenti en moi un désir, une force et la certitude que je pourrais avoir un réel impact. C'est pour ça que je suis là. Je ne pense pas qu'on puisse se lancer en politique si l'on n'est pas persuadé que l'on peut faire bouger les choses. Il ne faut pas le faire comme une sorte de pari personnel, comme un défi, et encore moins pour satisfaire son ego. Pas plus que pour épancher une soif de compétition. Il faut le faire parce que l'on sait que l'on peut s'impliquer là-dedans et vraiment

---

1. Les prochaines élections auront lieu en 2010 mais on prête à Lance Armstrong des intentions de s'y présenter plutôt en 2014.

changer la vie des gens. Et un jour viendra – ou pas – où je me dirai : "Tu sais quoi ? Eh bien tu peux vraiment faire bouger les choses." Et si ce jour arrive, alors je répondrai oui, absolument. »

On était alors loin de sa motivation première justifiant son retour à la compétition, celle de sensibiliser le public à la cause contre le cancer.

D'une certaine façon, Lance Armstrong avait déjà mis un pied en politique en 2007, au Texas, lorsqu'il avait contribué à l'élaboration puis au vote de la « Proposition 15 », un projet de loi portant sur le déblocage de 3 milliards de dollars destinés à la recherche contre le cancer et à la prévention. C'est dans ce cadre que Lance Armstrong s'était retrouvé à défendre la « Proposition 15 » devant les élus du Texas, auprès de différents lobbies et même à bord d'un bus qui traversait l'État afin de sensibiliser les électeurs.

1,5 million de dollars qui tombent à pic

Le 27 octobre 2007, la Fondation Lance Armstrong annonça qu'elle allait faire un geste fort pour saluer le travail du Dr Lawrence H. Einhorn, oncologue très réputé qui avait soigné Lance Armstrong pour son cancer testiculaire onze ans auparavant. L'initiative en question consistait en la création par la Fondation Lance Armstrong d'une chaire d'oncologie au sein de l'Université de l'Indiana. Cette chaire, dotée d'un budget de 1,5 million de dollars (1,1 million d'euros), avait pour mission de soutenir les travaux de recherche dudit professeur et de financer des projets de développement annexes. « Aucun mot ne saurait exprimer la gratitude, la joie et l'excitation que j'ai ressenties lorsque j'ai eu connaissance de ce don de la Fondation », commenta alors le Dr Einhorn. « Le cancer est une maladie terriblement effrayante, mais Lance – à travers son combat personnel et les actions menées par la Fondation Lance Armstrong – a redonné de l'espoir à des millions de personnes qui vivent avec cette maladie. Et grâce à ce don extraordinaire, nous allons transformer cet espoir en résultats tangibles pour tous les gens qui se battent contre le cancer [1]. »

Ce don mirifique tomba du ciel à un moment propice. Deux jours seulement avant cette généreuse donation, Frankie Andreu et sa femme Betsy avaient été entendus par les avocats de la compagnie d'assurances SCA Promotions. Cette société de Dallas bloquait le versement d'une somme de 5 millions de dollars à Armstrong – une prime qui était censée lui revenir après sa victoire lors du Tour de France 2004. SCA Promotions soutenait que Lance Armstrong avait triché au cours de sa carrière sportive et que, à ce titre, le contrat qui les liait – prévoyant le versement de primes en cas de victoire – devait par conséquent être déclaré nul et non avenu. Parmi les nombreuses personnes citées à comparaître dans cette affaire figuraient les époux Andreu. Armstrong était visiblement inquiet de les voir témoigner dans cette affaire, puisqu'il prit la peine de téléphoner à Frankie deux jours avant que celui-ci ne dépose sous serment, le 25 octobre 2005. C'était le premier coup de fil qu'Armstrong passait à Andreu en deux ans. Un appel amical, selon Armstrong – une manœuvre d'intimidation, si l'on en croit les époux Andreu.

L'élément le plus sérieux apporté par les époux Andreu était leur récit de la désormais célèbre « scène de la chambre

1. Communiqué de presse de l'Université de l'Indiana, 27 octobre 2005.

d'hôpital », à l'Hôpital universitaire de l'Indiana, en octobre 1996 (voir chapitre 1). Il était évident depuis le début que SCA Promotions allait demander à consulter l'intégralité du dossier médical de Lance Armstrong, tel qu'il avait été conservé à l'Hôpital universitaire de l'Indiana.

Deux jours après la déposition des époux Andreu, la Fondation Lance Armstrong annonça qu'elle faisait un don de 1,5 million de dollars à Einhorn. Les conditions du versement de cette somme furent au centre des débats lorsque Armstrong déposa dans l'affaire qui l'opposait à SCA et, quelque temps plus tard, lorsqu'il témoigna devant un tribunal civil. Dans cette déposition, enregistrée peu de temps après celle des Andreu et deux mois avant que l'affaire ne se retrouve devant les tribunaux, Armstrong répondait aux questions de Jeff Tillotson, l'avocat de SCA.

JEFF TILLOTSON. Avez-vous récemment fait un don à l'Hôpital universitaire de l'Indiana ?
LANCE ARMSTRONG. J'ai fait un don pour financer la chaire du Dr Larry Einhorn.
J.T. Très bien. Quand avez-vous fait cela ? Vous en souvenez-vous ?
L.A. Ces dernières semaines.
J.T. Était-ce, par exemple, avant ou après les dépositions des époux Andreu ?
L.A. Non, c'était bien avant.
J.T. Cette année ?
L.A. En 2005 ?
J.T. Oui.
L.A. Oui, enfin c'était au cours de ces dernières semaines. On a sorti un communiqué de presse. Ça vous donne la date, à peu de chose près.

J.T. Bien. Disons, donc, à un moment au cours du premier semestre 2005 ?

L.A. Je ne voudrais pas dire de bêtises. Je préférerais qu'on se reporte au communiqué de presse. Je pense que c'est... le premier semestre, ça nous amène jusqu'au 1er juillet, c'est bien cela ? Alors, je pense que c'était juste après ça.

J.T. Après ça, d'accord. Depuis combien de temps mûrissiez-vous l'idée de financer cette chaire ?

L.A. Eh bien, je savais qu'ils recherchaient un soutien financier depuis un certain temps déjà... C'est un engagement très important, alors, ce n'est pas une décision que l'on prend comme ça, à la légère.

J.T. Avez-vous discuté de la scène de la chambre d'hôpital avec du personnel de l'hôpital afin, par exemple, d'obtenir qu'ils témoignent que cette scène n'avait jamais eu lieu ?

L.A. Pas que je sache. C'est vrai que je suis toujours en contact avec le Dr Einhorn et les personnes qui ont été là pour moi. Mais je vais être très clair : ce sont deux problématiques très distinctes. Et je fais un don, je fonde une chaire pour quelqu'un qui m'a sauvé la vie.

J.T. Mais qui prétend le contraire ?

L.A. Vous.

J.T. Comment cela ?

L.A. Laissez tomber.

J.T. Bref... Donc vous ne cherchez pas, à travers votre don à l'Hôpital universitaire de l'Indiana, à acheter le silence de qui que ce soit, car vous n'avez rien à cacher, c'est bien cela ?

L.A. Ça vous plairait, hein ?

J.T. Pourquoi dites-vous cela ?

L.A. Parce que toute cette affaire est sur ce ton-là : toute cette affaire n'est que spéculation, sous-entendus et bruits de couloir. Des informations de troisième et de quatrième mains.

Le 12 janvier 2006, plus de deux mois après qu'Armstrong et les Andreu eurent signé leurs dépositions, Armstrong décida de répondre enfin aux interrogations soulevées par son don à Einhorn lors de son audition devant le tribunal qui jugeait le litige l'opposant à SCA Promotions. C'est son propre avocat, Tim Herman, qui aborda le sujet :

TIM HERMAN. Il a été suggéré, de façon plus ou moins implicite, que vous aviez fait une importante contribution à l'Hôpital universitaire de l'Indiana pour des raisons tout à fait intéressées. Pouvez-vous présenter au jury les raisons pour lesquelles vous avez décidé de financer cette chaire pour le Dr Einhorn ou le Dr Nichols ?
LANCE ARMSTRONG. C'était pour le Dr Einhorn. Je n'ai pas subventionné la chaire du Dr Nichols, mais j'ai bien l'intention de le faire, plus tard. L'Université de l'Indiana cherchait depuis un moment déjà quelqu'un pour financer cette chaire. Et, franchement, j'étais assez surpris de constater que, parmi les centaines de jeunes hommes que l'hôpital avait guéris d'un cancer des testicules au fil des ans, aucun n'avait accepté de mettre la main à la poche pour subventionner cette chaire. Bon, d'accord, il s'agit d'un chèque d'un million cinq cent mille dollars – j'ai conscience que c'est une somme importante. Mais de là à laisser entendre que je l'ai financée pour obtenir un témoignage, ou pour qu'on fasse le ménage dans mon dossier médical, c'est complètement ridicule. Cet homme-là m'a sauvé la vie. Et pas seulement la mienne : cet homme a sauvé des dizaines, voire des centaines de personnes – pas

uniquement dans l'État de l'Indiana, ni même en Amérique, mais partout dans le monde. Si l'on vous diagnostique un cancer des testicules à Tokyo, vous appelez un homme : Larry Einhorn. À Sydney ? Vous appelez Larry Einhorn. Ce type est une légende. Alors, imaginer un instant qu'un homme pareil puisse empocher un million cinq cent mille dollars en échange de son témoignage : c'est tout simplement absurde.

T.H. Bon, et depuis combien de temps l'idée était-elle dans les tuyaux ? Le projet dans son ensemble, je veux dire.

L.A. Cela faisait un moment qu'ils cherchaient les fonds nécessaires. Vous savez, un million cinq cent mille dollars, ça fait beaucoup d'argent. Alors, il fallait que je réfléchisse bien aux modalités pratiques pour allouer cette somme que personne ne lui avait encore accordée et qu'il mérite, que ce soit bien clair.

Dans sa déposition, Armstrong s'était exprimé sur le calendrier de décision du don de 1,5 million de dollars. Il avait avancé que la décision avait été prise « plusieurs semaines avant » la déposition des époux Andreu. Le fait que le don ait été annoncé deux jours seulement avant leur déposition revint sur le tapis lorsque Jeff Tillotson procéda au contre-interrogatoire de Lance Armstrong.

Jeff Tillotson. Il me semble que la déposition des époux Andreu a été enregistrée le 25 octobre 2005. C'est à cette même période, n'est-ce pas, que votre fondation a pris la décision et annoncé publiquement qu'elle fondait une chaire à l'Hôpital universitaire de l'Indiana ?

Lance Armstrong. Si vous me dites que c'est à ce moment-là, alors je vous crois.

J.T. Bien.

L.A. C'était récemment.

J.T. Si vous voulez bien jeter un coup d'œil à la pièce versée au dossier numéro 39... Il s'agit d'un communiqué de presse annonçant que la Fondation Lance Armstrong fonde une chaire d'oncologie à l'Hôpital universitaire de l'Indiana, et cette déclaration est datée du jeudi 27 octobre. N'est-ce pas?

L.A. En effet.

J.T. Afin de replacer les choses dans leur contexte, j'ajoute que M. LeMond venait de faire sa déposition et que les époux Andreu avaient quant à eux été entendus le 25 octobre. N'est-ce pas?

L.A. En effet. Puis-je ajouter quelque chose, brièvement?

J.T. Je vous en prie.

L.A. Une donation de ce genre prend énormément de temps, et de réflexion. C'est un processus lourd, long et compliqué. Ce n'est pas une décision du genre: «Hé, les gars, et si on signait un gros chèque à quelqu'un qu'on connaît à peine?» On y a beaucoup réfléchi. C'est peut-être à cette date-là que la décision a été annoncée publiquement. Mais comme je le disais tout à l'heure, le Dr Einhorn est une légende: il n'est pas du genre à accepter ce type de marchandage. C'est un homme d'une très grande droiture. On ne devient pas président de l'Asco [Société américaine d'oncologie clinique] en acceptant des pots-de-vin [1].

Suzanne Kho était responsable de l'attribution des dons au sein de la Fondation Lance Armstrong au moment où le

1. Le métier de cancérologue ou d'oncologue, aussi admirable soit-il, n'empêche malheureusement pas les dérapages. Le cancérologue pour enfants Andreas Zoubek a été accusé en mars 2009 par la triathlète autrichienne Lisa Hütthaler de lui avoir administré des piqûres d'EPO.

Dr Einhorn reçut la donation de 1,5 million de dollars. Elle travaille désormais pour une association sans but lucratif appelée *Beyond Batten*. Au cours d'un entretien téléphonique, elle se montra très réticente à l'idée de discuter de son expérience au sein de la Fondation Lance Armstrong, mais elle accepta de recevoir nos questions par courriel. Dans le message, nous lui demandions si elle se souvenait des discussions et du processus de décision qui avaient conduit à accorder cette donation au Dr Einhorn. Elle ne nous fit parvenir aucune réponse.

Dans l'affaire SCA Promotions contre Lance Armstrong, le Dr Michael Ashenden fut cité comme témoin expert. Sa tâche était de consulter les dossiers médicaux fournis par Lance Armstrong à l'Hôpital universitaire de l'Indiana. Le scientifique australien déclara au président-fondateur de SCA, Bob Hamman, que, selon lui, la liste des dossiers médicaux présentés au tribunal était incomplète [1].

Livestrong et le cancer en France

« Si j'avais à choisir entre remporter le Tour de France et avoir un cancer, je choisirais le cancer [2]. » Est-ce en pensant aux 28 millions de personnes qui meurent dans le monde de cette maladie que Lance Armstrong a opté pour cette provocation ? Ou pour une autre raison ?
Lorsque le coureur américain sortit officiellement de sa

1. Opinion de Michael Ashenden recueillie par l'un des auteurs en janvier 2006.
2. Lance Armstrong, dans son ouvrage *Chaque seconde compte, op. cit.*, p. 307.

retraite le 9 septembre 2008, sa motivation majeure, disait-il, était de sensibiliser les gens à la cause contre le cancer. Noble dessein, qu'il ne mit malheureusement pas en avant durant ses sept années de règne sans partage sur le Tour de France. Depuis sa création en 1997, sa fondation, Livestrong, a levé plus de 250 millions de dollars de fonds[1] (environ 190 millions d'euros) et son développement est en phase ascensionnelle.

Faute de place, le siège de la fondation, établi à Austin (Texas), devrait prochainement déménager du 1221 South MoPac Boulevard au 2201 East Sixth Street. Ce sera alors un ancien entrepôt de 10 000 m^2, totalement rénové en matériaux recyclables à 75 % et tourné vers l'économie d'énergie, qui accueillera la « LAF ». On avait connu Lance Armstrong moins sensible à la cause environnementale[2]. Soixante-quinze employés travailleront sur un site qui aura coûté au total 9,5 millions de dollars (7,5 millions d'euros) et qui est entièrement voué à l'image du coureur. « L'endroit a tout d'un lieu de pèlerinage, avec des photos dédicacées et nominatives de Lance Armstrong pour tous les employés », explique l'un des membres du cabinet d'architecte Lake Flato chargé de la construction des nouveaux locaux. « Il y a des images de lui partout, c'est assez impressionnant. »

Pour se faire une idée des moyens mis en œuvre dans la lutte contre le cancer et ce que représente la Fondation Lance Armstrong, il paraît opportun de dresser quelques parallèles.

1. Chiffre communiqué sur le site Internet de Livestrong.
2. Lance Armstrong avait été épinglé en juillet 2008 comme le plus gros consommateur d'eau de la ville d'Austin, bien avant toute entreprise ou service public. Au plus chaud de l'été et des recommandations de restrictions de la ville, la luxueuse résidence de l'Américain, plantée sur un demi-hectare, avait utilisé 1,2 million de litres d'eau, pour une moyenne de 600 000 litres par mois depuis janvier 2007.

En France, la mobilisation contre le cancer [1] au niveau de l'État est gérée par l'INCA [2], une agence placée sous la tutelle du ministère de la Santé, qui n'a pas recours aux appels de dons. Parallèlement, il existe une vingtaine d'instituts (centres privés de soins et de recherches dont les plus connus sont l'Institut Curie et l'Institut Gustave-Roussy), trois associations d'envergure nationale – la Ligue contre le cancer, l'ARC et l'ARTAC [3] – et une multitude d'associations régionales ou locales. Les associations, placées sous le régime de la loi 1901 (à but non lucratif), dépendent à géométrie variable de la générosité publique et publient annuellement leurs documents comptables. Au même titre que les instituts, elles financent directement des équipes de recherches de l'INSERM, du CNRS, ou d'autres équipes médicales employées dans des hôpitaux anticancéreux en France comme à l'étranger. La Ligue et l'ARC sont essentiellement des collecteurs de dons qui lancent des programmes dans des unités de recherches, ce que peuvent également faire des instituts *via* leurs fondations déclarées d'utilité publique.

Pour donner un ordre de grandeur, la Ligue contre le cancer est de loin la plus importante association en termes de notoriété et de financement public. Présente sur tout le territoire avec ses 103 comités départementaux, ses ressources se montaient à 88,5 millions d'euros en 2007 [4]. 81 % de cette somme (71,6 millions d'euros) provenaient de la générosité du public. Côté dépenses, 68,5 % (59,5 millions d'euros) étaient

1. 145 000 décès environ par an en France, 320 000 nouveaux cas déclarés annuellement. C'est la première cause de mortalité en France.
2. Institut national contre le cancer.
3. L'Association de recherche contre le cancer et l'Association pour la recherche thérapeutique anticancéreuse.
4. Les chiffres qui suivent peuvent être consultés sur les sites Internet des associations.

consacrés aux missions sociales, dont 33 millions d'euros pour la recherche (37 %) et 17 millions pour le suivi des patients (19 %). Le budget de fonctionnement (16,1 millions d'euros pour 315 employés) représentait 18,5 % de ses ressources. La Ligue revendique près de 700 000 adhérents.

L'ARC de son côté comptait cette même année 2007 un budget pratiquement moitié moindre (45,7 millions d'euros), dont 95 % étaient issus de la générosité du public (11,8 millions d'euros) et de legs (31,8 millions d'euros). 75,8 % de ses ressources provisionnent des missions sociales, le reste se partageant entre des frais d'appels de dons (12,8 %) et de frais de fonctionnement (11,3 %). Une cinquantaine de personnes y travaillent et 32 000 adhérents étaient recensés. Il est vrai que l'affaire Crozemarie [1] avait créé une crise de confiance auprès des donateurs de l'ARC qui s'en ressent encore neuf ans plus tard en dépit de la transparence de ses comptes.

Enfin, l'ARTAC compte un millier d'adhérents, deux employés à plein-temps pour un budget global de 300 000 euros. Cette association, présidée par son fondateur, le Pr Dominique Belpomme, se bat pour faire admettre une nouvelle notion, dite du « cancer environnemental ».

Que représente comparativement la fondation de Lance Armstrong en termes de recettes en cette même année 2007 ? Les deux tiers de celles de l'ARC, soit environ 30 millions d'euros (36 millions de dollars), voire l'équivalent des dons collectés par l'Institut Curie (32 millions en 2008). C'est dire si Livestrong, en douze années d'existence, a su développer

---

1. Jacques Crozemarie, créateur de l'ARC (Association de recherche contre le cancer), avait été condamné en 2000 à quatre ans de prison ferme, 2,5 millions de francs d'amende et 200 millions de francs de dommages et intérêts à verser à l'ARC pour abus de confiance et abus de biens sociaux.

son espace au milieu de centaines d'associations analogues aux États-Unis.

Armstrong : 200 000 dollars ; Pr Belpomme : 1 500 euros

Lorsqu'on fait réagir les principales entités françaises sur Livestrong, les avis sont favorables, même si la fondation de Lance Armstrong n'est pas clairement identifiée. « Je connais de nom », commente Vanessa Ralli, responsable du service médias de l'INCA. Pareil à l'ARC, par son attachée de presse Valérie Mulot : « J'en ai entendu parler, mais de là à vous dire son champ d'action… » « Oui, bien sûr, je connais Lance Armstrong », reconnaît Dominique Belpomme. « Oui, oui, je connais, atteste Emmanuelle Leroy, responsable du pôle partenariat et collecte de fonds à l'Institut Gustave-Roussy. Je lis *L'Équipe*… » « Je sais qu'il a créé une fondation », ajoute Catherine Goupillon-Senghor, responsable du pôle presse de l'Institut Curie. « Je sais aussi qu'il a eu un cancer. »

Et que pensent-elles de son action, comme de sa manière de procéder ? « J'ai une très grande admiration pour ce qu'il a réussi à faire, poursuit Dominique Belpomme, qui tente d'imposer dans le milieu médical un nouveau paradigme scientifique. C'est un athlète qui a subi une ablation testiculaire, et donc, dans ce cas, on parle de castration psychologique. Il est passé de l'autre côté de la barrière. S'il se dope, c'est un autre problème. D'ailleurs, en règle générale, je n'attaque pas celui qui se dope, mais plutôt le système qui incite à le faire, avec les intérêts financiers colossaux qui sont en jeu. On leur demande trop. »

Aux yeux de Vanessa Ralli, de l'INCA : « Tout ce qui sert

à promouvoir le dépistage est bon. En France, on manque de porte-parole. Des personnes de notoriété publique qui ont eu un cancer rechignent à l'évoquer. C'est gratifiant d'avoir d'anciens malades qui racontent comment on peut se battre. C'est très américain. En France, on ne fonctionne pas comme ça. »

Ce que confirme Valérie Mulot, de l'ARC : « Dans le domaine du cancer, les organismes français n'organisent pas de colloque thématique avec une connotation de collectes. Le *charity dinner*, par exemple, n'existe pas chez nous. Le rapport à l'argent est différent. » À quelques exceptions près : l'Institut Curie organise annuellement une soirée caritative dans les salons de l'hôtel Bristol à 500 euros la place ; l'association Avec[1], du cancérologue David Khayat, tient chaque année un *charity dinner* au château de Versailles avec un ticket d'entrée consistant : en février 2008, la table « argent » (dix personnes) était à 8 000 euros, la table « or » 10 000 euros, la table « platine » 13 000 euros, et le couvert individuel à 1 500 euros.

Rapport différent à l'argent... Pour le moins : une intervention du Pr Belpomme dans un colloque peut être facturée 1 500 euros, somme que le scientifique reverse intégralement dans son association. Parallèlement, chaque apparition de Lance Armstrong dans une conférence sur le thème du cancer est réglée... 200 000 dollars[2] (150 000 euros) qui vont directement dans sa poche. « 200 000 dollars ? Mais c'est énorme ! » ne peut réprimer le Pr Belpomme. « Chez nous, c'est zéro, gratuit », témoigne Emmanuelle Leroy, de l'Institut Gustave-

1. Avec : Association pour la vie et l'espoir contre le cancer.
2. Chiffre énoncé par son agent Bill Stapleton, *Texas Monthly*, juillet 2001. En outre, interrogé par l'hebdomadaire gratuit *Sport* le 5 juillet 2007 en ces termes : « Est-il vrai que vous facturez ces conférences environ 150 000 dollars ? », Lance Armstrong répondit : « C'est à peu près ça. »

Roussy, qui reprend le chiffre « américain » dans un sourire entendu. « Nous sommes un hôpital privé mais avec une mission de service public qui a un sens bien concret pour les médecins. Ils ne font pas de ménages. »

Alors, philanthrope, Lance Armstrong ? On peut le croire quand il déclare notamment qu'il a versé « plus de 7 millions de dollars sur [son] propre argent », soit « le plus gros donateur » [1] de sa fondation. Mais en le prenant aux mots, les siens, prononcés en juillet 2007 lorsqu'il disait donner des conférences « au moins une fois par semaine » [2], ce don global à sa propre fondation sur douze ans équivaut au maximum à 35 de ses conférences, soit une trentaine d'heures. Plus globalement, ses revenus directs sont estimés à 15 millions de dollars par an.

Si le label Lance Armstrong constitue une zone d'attractivité indéniable, son passé sportif a toutefois traversé les sphères. Pour Emmanuelle Leroy, de l'Institut Gustave-Roussy, « Lance Armstrong jouit d'une image extraordinaire aux États-Unis, mais elle est beaucoup plus sulfureuse en France, non ? » fait-elle mine d'interroger.

Catherine Goupillon-Senghor, responsable du pôle presse de l'Institut Curie, premier centre français de recherche en cancérologie, va un peu plus loin : « Chaque association aimerait avoir un porte-parole de cette envergure pour booster sa notoriété et la collecte de fonds. Mais son image est brouillée en France. L'origine de son cancer est discutée. Vrai ou faux, c'est négatif. Je trouve ça un peu gênant. Si on devait lancer

1. *L'Équipe*, 20 janvier 2009.
2. Dans l'entretien paru dans *Sport* du 5 juillet 2007, Lance Armstrong expliquera : « Au moins une fois par semaine, on m'invite à donner une conférence de presse pour expliquer mon parcours, comment je me suis sorti de ma maladie, et comment j'ai remporté le Tour de France. »

une opération commune avec l'Institut Curie, je me poserais la question. En choisissant un porte-parole, on regarde la personne avec le filtre de ses valeurs, de son éthique, si son image colle à la nôtre. Il faut y regarder à deux fois. »

La Ligue avec Lance ?

Parmi nos interlocuteurs, seul le service de communication de la Ligue contre le cancer n'a pas souhaité émettre un quelconque avis sur la fondation Livestrong, ni sur le coureur américain. La réponse d'une des membres du service de presse, jointe par téléphone, fut laconique : « Nous n'avons aucun commentaire à faire sur la fondation de Lance Armstrong, ni en bien ni en mal, s'est-on entendu répondre. Depuis l'annonce de son retour à la compétition, on se positionne ainsi. Nous avons reçu la consigne de ne pas communiquer sur cette fondation, sur celle-là uniquement. »

Ce mutisme a peut-être une raison. En effet, La Ligue contre le cancer se serait rapprochée de Lance Armstrong – ou *vice versa* – l'hiver dernier. Son ancien président, le Pr Henri Pujol, qui a passé la main au Pr Francis Larra en juin 2007 après trois mandats de trois ans, est l'un des plus fervents supporters de Lance Armstrong en France. S'il a quitté la présidence de la Ligue, le Montpelliérain, proche des milieux gaullistes, n'en reste pas moins un professeur de renom et un scientifique très écouté. C'est lui qui avait suggéré à Jacques Chirac de lancer le plan cancer en 2003, dont il est l'un des fondateurs [1].

---

1. Le « plan cancer 2 », qui courra jusqu'en 2013, doit être présenté en juin 2009.

Début 2009, la Ligue a lancé une vaste campagne de communication axée sur le thème de l'activité physique. Cette opération devrait avoir pour point d'orgue le… Tour de France, avec Lance Armstrong en *guest star*. À la fin de l'hiver, un plan de communication a en effet été présenté aux dirigeants de la Ligue : une collaboration avec Lance Armstrong était programmée, financée par les deux parties, avec notamment la tenue d'une conférence de presse quotidienne sur le thème du cancer, organisée au terme de chaque étape. Effet assuré : plus d'un millier de représentants des médias couvrent l'épreuve. L'intérêt est double : pour la Ligue, profiter de la notoriété de l'Américain pour valoriser ses actions ; pour Armstrong, investir le « marché » français. Une aubaine pour les deux. « Armstrong a réussi à vendre sa fondation », soupire un médecin averti de cette initiative conjointe.

Si cette campagne est réellement lancée, il reste à savoir comment vont se positionner les chaînes de télévision, et en premier lieu France Télévisions, depuis que son directeur des sports, Daniel Bilalian, fit savoir à l'annonce du retour de Lance Armstrong qu'il n'y aurait pas « de mélange des genres » à l'écran. Mélange qui ne devrait pas embarrasser Michel Drucker en programmant en juin un *Vivement dimanche* spécial Armstrong.

Quoi qu'il en soit, la présence de Lance Armstrong aux côtés de la Ligue pourrait probablement booster la notoriété de l'une comme de l'autre association. Pour autant, la population des donateurs dans la lutte contre le cancer est une « zone de chalandise » [1] commune à toutes les associations. Comment les

---

1. Locution employée par un membre d'une des associations.

autres réagissent-elles à cette opération sur le Tour ? À l'ARC, à l'ARTAC et pour certains instituts, on assure tout à trac que « tout se passe bien entre nous, il n'y a pas de concurrence » ; « il y a de la place pour tout le monde, d'ailleurs, on ne prospecte pas toujours dans le même espace » ; « certes, ce sont des appels aux dons pour la même cause, mais ce n'est pas la guerre » ; « les donateurs français sont extrêmement fidèles à une entité plutôt qu'à une autre », nous certifie-t-on encore ; ou bien « nous sommes plusieurs à financer les mêmes équipes. La notion de rivalité n'existe donc pas ».

Mais quand on gratte un peu sous le consensus, les propos des uns et des autres sont moins amènes : « Une concurrence ? Forcément qu'il y en a une entre les associations. D'autant que la population des donateurs ne varie guère et est très ciblée. » « Le gâteau de la générosité n'est pas extensible à l'infini. Le cancer est un domaine où il y a beaucoup de monde, ça complique un peu la tâche. » « Chez nous, peut-être moins chez les autres, on communique beaucoup sur l'usage de l'argent. »

Des associations (presque) sous contrôle

Voilà un point sur lequel « on communique » beaucoup depuis les affres de l'affaire Crozemarie. À ce titre, il existe un organisme chargé de surveiller les comptes des associations qui font appel à la générosité publique dont la collecte de fonds récolte plus de 500 000 euros par an. Cet organisme indépendant s'appelle le « Comité de la charte de déontologie des organisations faisant appel à la générosité du public ». Mais la confiance, justement, n'est pas totale…

Depuis 1989, le Comité de la charte se charge de vérifier

en continu les bilans comptables, les circuits de ventilation des fonds et le respect des engagements des associations *via* des commissaires aux comptes, des experts comptables, ou des directeurs financiers à la retraite ou bénévoles. Un travail de contrôle qui a été renforcé depuis le scandale de l'ARC. « 57 associations ont adhéré à notre charte et disposent de notre label », détaille Marie-Pierre Medouga, l'attachée de presse du Comité. Parce que ce n'est pas obligatoire ? « Pas du tout. En fait, c'est l'association qui doit faire la demande d'adhésion. » Une demande pour se faire contrôler, c'est dire si une crise de confiance durable a gelé le portefeuille des Français. Et 57 sur combien d'associations concernées ? « 57 sur 120, selon la Cour des comptes, mais le Comité estime qu'il y en a plus de 150 », répond-elle. Ce qui fait que près des deux tiers des associations de générosité publique dont les ressources dépassent 500 000 euros n'ont pas jugé bon d'adhérer à cette charte de bonne conduite [1].

Téléthon, tsunami, Sidaction... La traçabilité des fonds récoltés est pourtant devenue une préoccupation légitime des donateurs, tout autant que la répartition de l'argent dans les divers postes de l'association. En clair, qu'est-ce qui est redistribué, qu'est-ce qui est gardé pour les frais de fonctionnement, les salaires... Ce point reste flou, même parmi les adhérents du Comité de la charte. « Il n'existe pas à proprement parler de barème ou de plafond relatif aux frais de fonctionnement, reprend Marie-Pierre Medouga. On vérifie les pièces comptables, mais pas la gestion globale. Il y a des indications tacites, de l'ordre de 15 à 20 %, mais chaque

---

1. Les associations d'appels de fonds publics dont les ressources vont au-delà de 150 000 euros sont toutefois soumises au contrôle d'un commissaire aux comptes.

association est dotée d'un type d'organisation spécifique: variabilité du nombre de bénévoles, actions à l'étranger... Les situations ne sont pas homogènes. »

Michel Soublin, président du Comité de la charte, reconnaît la « difficulté d'une clarification irréprochable de la répartition budgétaire dans les associations. Pour autant, enchaîne-t-il, sur ces ratios, nous demandons dans notre charte la connaissance des mécanismes pour optimiser l'emploi des fonds; nous exigeons que les associations nous montrent clairement où passe l'argent; nous insistons sur le fait qu'on puisse retrouver la répartition des frais dans les comptes emplois-ressources. » Quels frais? « Ils sont de deux ordres: les frais de collectes de fonds et les frais de fonctionnement, qu'on appelle frais généraux. Pour les premiers, ils sont comparés aux montants collectés. Pour les frais de fonctionnement, vous ne verrez pas beaucoup d'organisations qui engagent des sommes au-delà de 20-25 % de leur budget total. » Arrive-t-il parfois que des associations enflent de manière peu raisonnable leur poste de dépenses en interne? « Il nous arrive de délivrer des cartons jaunes à certaines, sourit-il, mais jamais de cartons rouges. Il faut être vigilants. Mais, d'une certaine manière, on châtie ceux qui jouent le jeu de la transparence puisque c'est une demande de contrôle volontaire. »

Et Michel Soublin trouve-t-il quelque chose à redire dans le cas d'une collaboration ponctuelle entre la Ligue nationale contre le cancer [1] et la fondation américaine Livestrong durant le Tour de France? « Oui si, dans le cas d'une convention partage, l'opération débouche sur une collecte de fonds. Mais concernant Livestrong, il n'y a pas de contrôle

---

1. La Ligue nationale contre le cancer fait partie des 57 adhérents au Comité de la charte, au même titre que l'ARC.

possible de notre part puisqu'elle n'a pas demandé notre agrément. »

Toujours est-il qu'il risque d'y avoir embouteillage pour la cause du cancer, fin juillet sur les Champs-Élysées. Une randonnée cycliste, initiée par une équipe danoise, Team Rinkeby, a en effet prévu de son côté un périple de six jours (par l'Allemagne, les Pays-Bas et la Belgique) pour recueillir des fonds en faveur d'enfants atteints du cancer. Un peloton de près de 300 amateurs ralliera Paris et la place de la Concorde le 24 juillet, soit deux jours avant l'arrivée finale du peloton du Tour. Avec à sa tête un certain… Rasmussen, Lars Loekke de son prénom, le nouveau Premier ministre danois. On a eu chaud.

La charité a un tarif

Lorsqu'il envisagea de créer une fondation contre le cancer à son nom, Lance Armstrong n'avait pas la moindre idée de ce qu'un tel projet impliquait. Nous étions en 1997 et, à part organiser une épreuve cycliste baptisée la Course des Roses, Armstrong et ses amis étaient bien en peine de dire sur quelle voie ils allaient s'engager. Ils n'avaient ni les compétences ni le personnel nécessaires. Armstrong lui-même n'était après tout qu'un très bon cycliste américain qui avait souffert d'un cancer testiculaire. En dehors de la petite communauté cycliste, personne ne le connaissait aux États-Unis et, à cette époque, personne n'aurait pu imaginer un seul instant que sa fondation connaîtrait un tel développement. Lors de sa première année de fonctionnement, elle avait levé moins de 250 000 dollars de dons. Onze ans plus tard, en 2008, la Fondation Lance Armstrong récoltait 36 millions de dollars.

La Course des Roses, qui n'était au départ qu'une modeste initiative caritative à travers les routes du Texas autrefois empruntées par Armstrong lors de ses entraînements, s'est transformée aujourd'hui en une série de courses à travers différents États d'Amérique, et même jusqu'aux Pays-Bas. Ces courses sont regroupées sous l'appellation des « Livestrong Challenge ». Les participants au Livestrong Challenge qui parviennent à récolter une certaine somme de dons sont invités à prendre le départ de la Course des Roses, qui se tient à Austin, la ville natale d'Armstrong. Pour gagner son ticket d'entrée, le minimum requis est de 10 000 dollars de dons. Ensuite, chaque participant à la Course est affublé d'un maillot dont la couleur correspond à ses performances dans la récolte de fonds : en maillot blanc, 10 000 dollars ; en maillot vert, 15 000 dollars ; en maillot à pois, 20 000 dollars ; en maillot jaune, 30 000 dollars.

En 2002, au terme de cinq années d'existence, la Fondation Lance Armstrong était parvenue à lever 7 millions de dollars de dons. Mais la situation changea du tout au tout deux ans plus tard, avec le lancement du bracelet Livestrong. Mis sur le marché par son équipementier Nike en 2004, ce bracelet jaune fut mis en vente un dollar pièce, l'intégralité des bénéfices nets étant reversée à la Fondation. Près de 80 millions d'exemplaires ont été vendus… Instantanément, la Fondation Lance Armstrong enregistra une très forte hausse de ses revenus : les ventes de bracelets rapportèrent plus de 20 millions de dollars dans les caisses de l'organisation en 2004, et plus de 25 millions de dollars en 2005, avant de chuter, inévitablement, en 2006 – rapportant malgré tout la bagatelle de 6 millions de dollars. Au cours de ces deux années de rentrées d'argent spectaculaires, les revenus totaux enregistrés par la Fondation Lance Armstrong s'élevèrent successivement à 39,9 millions de dollars pour 2004 et 52,3 millions de dollars pour 2005 [1].

Les organismes de contrôle sonnent l'alarme

Lorsque les ressources d'une œuvre caritative atteignent un certain niveau, celle-ci ressent le besoin de s'y maintenir. L'un des moyens d'y parvenir est d'augmenter les frais de marketing et de communication liés aux grandes actions de l'organisation afin d'augmenter l'importance et le nombre des dons. Mais dès lors que vous investissez une partie des ressources dans la levée de fonds, par un jeu de vases communicants, vous diminuez d'autant les ressources allouées au but premier poursuivi par l'organisation. D'où la nécessité d'avoir recours à des « chiens de garde », des organismes de contrôle de ces organisations qui vérifient l'authenticité du travail effectué par ces associations. Aux États-Unis, les organismes de contrôle les plus connus sont Charity Navigator, l'American Institute of Philanthrophy et le Better Business Bureau Wise Giving Alliance.

Les rapports remis par ces organismes de contrôle sont fondés sur l'étude des bilans financiers établis par les associations. Par conséquent, leurs synthèses les plus récentes s'appuient sur des chiffres qui ont déjà deux ou trois ans d'ancienneté. Malgré cela, la Fondation Lance Armstrong a été passablement mal notée par ces organismes de contrôle. Ainsi, Charity Navigator lui accorde une note globale de 52,46 (sur 100) pour l'année 2006, en baisse sensible par

1. www.charitynavigator.org

rapport à la note de 61,04 obtenue deux ans plus tôt, ce qui a valu à la fondation de perdre une étoile (elle est passée de quatre à trois étoiles) en matière d'efficacité. La principale raison qui explique cette chute tient à l'augmentation des frais engagés dans la collecte des fonds. Ces frais sont passés de 2,5 millions de dollars en 2004 à 7,6 millions deux ans plus tard [1]. « Nous jugeons les associations caritatives selon deux grands critères », nous explique Sandra Miniutti, vice-présidente de la branche marketing de Charity Navigator. « Quelle utilisation est faite de l'argent récolté et quelle est l'efficacité opérationnelle de l'association ? Or, là, nous avons constaté une hausse significative du pourcentage de ressources alloué à la collecte de dons : de 10 % en 2004 à 20 % en 2006. Cela entraîne l'association sur une pente dangereuse. D'un autre côté, il faut reconnaître que la Fondation Lance Armstrong avait réalisé une croissance exceptionnelle entre 2003 et 2006, voyant ses ressources grimper de 40 %. » Lorsque les ventes de bracelets Livestrong commencèrent à stagner puis à s'éloigner des niveaux records de 2004 et 2005, la fondation investit de plus en plus d'argent dans des campagnes de communication, à la recherche de nouveaux donneurs – d'où une perte radicale d'efficacité.

L'American Institute of Philanthropy se pencha avec plus d'intérêt encore sur les sommes que la Fondation Lance Armstrong engageait dans la collecte de fonds. Selon l'analyse de l'Institut sur les bilans financiers 2005, « la Fondation Lance Armstrong fête ses dix ans cette année [2007]. Vous ne pensez pas qu'une œuvre caritative qui bénéficie déjà

---

1. En France, la gestion de la Ligue contre le cancer a connu une inflation financière analogue, selon une enquête du *Canard enchaîné* du 1er avril 2009.

d'une importante publicité puisqu'elle défend une cause extrêmement populaire, avec le soutien de personnalités très admirées du public, devrait être capable de récolter facilement énormément d'argent ? Eh bien, hélas, ce n'est pas le cas. Pour 100 dollars récoltés, la Fondation dépense 45 dollars en communication et marketing. Ce qui est largement au-delà du seuil maximal de 35 % recommandé par l'American Institute of Philanthropy. Mais si la Fondation Lance Armstrong peine à lever des fonds de façon efficace, elle est en revanche extrêmement inventive dès lors qu'il s'agit de marketing et de produits dérivés. La vente de produits dérivés – de l'incontournable bracelet jaune Livestrong à l'habillement, en passant par les accessoires sportifs et même les laisses pour chiens – lui a ainsi rapporté plus de 24 millions de dollars. Tandis que les 10 millions de dollars investis dans la récolte de dons n'ont permis de récolter que 22 millions de dollars [1] ».

Dans le milieu de la lutte contre le cancer, le nom de Lance Armstrong jouit d'une très grande considération. « Armstrong est pour moi l'incarnation vivante de l'espoir face au cancer », a un jour déclaré John Sefflin, président de l'American Cancer Society, une organisation bien plus importante. « Je crois qu'il était très utile avant [son retour] et qu'il aurait pu continuer dans ce créneau jusqu'à la fin de ses jours, et apporter une contribution très substantielle à notre cause commune. Mais en remontant sur la selle il attire à nouveau toute l'attention sur lui – et ça, il n'aurait pas pu le faire autrement [2]. »

1. Site de l'American Institute of Philanthropy.
2. ESPN.com, janvier 2009.

«Le conférencier le mieux payé des États-Unis»

Après la publication de *Il n'y a pas que le vélo dans la vie*, best-seller international rédigé avec la journaliste du *Washington Post* Sally Jenkins, Lance Armstrong fut soudainement propulsé au rang de conférencier très recherché. Tous les ingrédients étaient réunis : un sportif de haut niveau frappé par le cancer, 50 % de chances d'y survivre selon ses médecins, une guérison et, dans la foulée, un retour gagnant dans l'une des épreuves sportives les plus éprouvantes au monde qu'est le Tour de France. Dans un monde où tant de personnes aspirent à un modèle, c'était le conte de fées du moment. Début juillet 2001, alors que Lance Armstrong n'avait encore remporté que deux de ses sept Tours de France, son agent Bill Stapleton s'exprima sur les performances de son client dans le circuit des conférences-débats[1]. «Lance facture deux fois ce que facture le président Clinton. Pourquoi est-ce que sa prestation vaut 200 000 dollars ? Il est là, assis sur un tabouret, et il raconte sa vie. Il raconte par exemple l'histoire d'Hautacam[2] pour expliquer comment on arrive à se surpasser. Lors d'un camp d'entraînement, il n'a pas grimpé Hautacam une fois, mais deux, parce qu'il sentait qu'il n'avait pas maîtrisé l'ascension la première fois. Alors, il y revint, sous une pluie glaciale. Et ce que ses auditeurs en retirent, c'est une leçon de courage, de discipline et de persévérance. Voilà ce que les gens retiennent d'un discours de Lance, et c'est pour cette raison qu'il

---

1. *Texas Monthly*, juillet 2001.
2. La montée de Lourdes-Hautacam fut l'une de ses plus impressionnantes démonstrations de force lors du Tour de France 2000.

est aujourd'hui, je crois, le conférencier le mieux payé du pays. »

Même s'il est loin d'avoir l'aisance d'un orateur né, Armstrong faisait salle comble à chaque conférence car son histoire est fascinante. Les demandes affluaient de toutes parts, et il comprit rapidement qu'il y avait là un marché rentable. En janvier 2006, la compagnie de gestion d'actifs Investec s'offrit les services d'Armstrong pour tenir un discours devant quatre cents de leurs principaux clients à Billingsgate Market, en plein cœur de la City à Londres. « C'est un orateur extraordinaire, extrêmement charismatique », nous fit savoir Antonia Kerr, du service Marketing d'Investec. « C'était une rencontre organisée spécialement pour nos tout meilleurs clients. Nous cherchons constamment à leur présenter de grands esprits et il nous semblait que Lance Armstrong était susceptible de les inspirer. C'est pour cela que nous l'avons invité. Il a passé toute la soirée avec nous. Entre son discours et la séance de questions-réponses, la rencontre a duré en tout une heure environ. » Antonia Kerr refuse de dire combien Investec a déboursé pour s'offrir la prestation d'Armstrong. Tout juste reconnaît-elle que sa société est parvenue à « une solution efficace quant aux coûts » en se joignant à une autre entreprise.

« Nous avons obtenu la présence de Lance Armstrong par l'entremise de JLA, une société londonienne qui avait conclu avec lui un accord impliquant d'autres sociétés, afin de partager les coûts. Le contrat était assez complexe. Lorsqu'il est arrivé sur place, nous l'avons pris en charge pour la soirée. Il était fatigué, il arrivait tout juste d'Afrique du Sud où il avait tenu une conférence la veille. Il s'est comporté en vrai professionnel, il n'y a eu aucun problème et nous avons été extrêmement satisfaits du résultat. Ce fut une expérience incroyable pour nos clients. »

L'un des clients d'Investec, qui a souhaité que son anonymat soit préservé, nous a déclaré au contraire qu'il n'avait pas trouvé le discours d'Armstrong très inspirant et qu'il était, selon lui, un orateur quelconque.

N'en déplaise à cet auditeur, les conférences ont pris une part très importante dans la vie et dans les finances de Lance Armstrong ces dix dernières années. Et c'est le cancer qui lui en a donné l'occasion. Quel ancien vainqueur du Tour de France, y compris parmi ses plus grands champions, Eddy Merckx, Bernard Hinault, Miguel Indurain et Greg LeMond, peut aujourd'hui espérer toucher 200 000 dollars pour parler une heure en public ? Personne, si ce n'est l'icône de la lutte contre le cancer. En janvier 2009, un certain nombre d'interrogations surgirent lors du Tour Down Under, l'épreuve australienne qui ouvrait la saison cycliste, au sujet du million de dollars qu'Armstrong aurait touché pour une apparition publique. Au point que Lachlan Parker, le porte-parole du gouverneur d'Australie du Sud Mike Rann, dut monter au créneau pour clarifier les choses. « Toutes les équipes qui participent à la course touchent de l'argent pour leur participation, déclara-t-il. Et chaque dollar qu'a touché Lance Armstrong sera intégralement reversé à sa fondation. »

Peut-être M. Parker voulait-il entretenir auprès du public l'image du Lance Armstrong philanthrope, reversant tous ses revenus à la Fondation Lance Armstrong ? Toujours est-il que lorsque ces déclarations revinrent aux oreilles de Lance Armstrong, l'intéressé rectifia aussitôt l'interprétation erronée de Parker. « Ce n'est pas vrai, démentit-il. Ces dernières années, j'ai passé le plus clair de mon temps à donner des conférences à travers le monde, exactement comme le président Clinton et comme Al Gore. Je ne touche pas d'argent pour courir. Alors, est-ce qu'on me paie pour autre chose ? Oui, mais rien d'autre que ce pour quoi je suis payé depuis trois ou quatre ans maintenant. »

Et le caritatif devint un business...

Au commencement, il y avait une organisation « à but non lucratif », la Fondation Lance Armstrong. De là, naquit une marque, Livestrong, qui vit sa popularité croître au point de générer d'importantes rentrées d'argent. Lorsqu'une marque connaît un tel développement, cela ouvre des opportunités commerciales insoupçonnées.

En janvier 2008, une jeune entreprise spécialisée dans le développement de sites Internet participatifs, Demand Media Inc., annonça qu'elle travaillait avec Livestrong sur le lancement de Livestrong.com. Le site Internet vit effectivement le jour lors du second trimestre de l'année 2008 pour un contrat d'exclusivité de quatre ans. Livestrong.com devait coexister avec Livestrong.org, à une différence près – mais de taille : il s'agirait cette fois d'une organisation « à but lucratif ».

L'accord stipulait qu'en échange la Fondation Lance Armstrong et Armstrong lui-même prendraient des parts au capital de Demand Media, compagnie californienne dirigée par l'ancien président de MySpace, Richard Rosenblatt. Bien qu'aucune loi américaine n'interdise à une œuvre caritative de développer une branche lucrative, peu d'entre elles choisissent de s'engager dans cette voie. « C'est une décision que nous avons mûrement réfléchie », déclara le président de la Fondation Lance Armstrong, Doug Ulman[1]. Selon Ulman, Livestrong.com aurait pour mission de sensibiliser le public à l'action de la Fondation, et de soutenir celle-ci dans sa mission centrale, à savoir le soutien aux personnes atteintes d'un cancer. Ulman précisa également que les internautes qui visiteraient le site de la branche à but lucratif y trouveraient des liens les dirigeant vers le site .org.

Demand Media ressemble à un portail contenant de nombreux sites Internet sur lesquels transitent chaque mois 70 millions d'internautes. Parmi ces sites Web, on retrouve eHow (des articles et vidéos pratiques pour savoir comment – *how* – faire telle ou telle chose), qui attire chaque mois 18 millions de visiteurs ; Cracked.com (un site humoristique), visité par 5 millions d'internautes par mois ; Livestrong.com (santé, remise en forme et style), 4 millions de visiteurs par mois ; Trails.com (randonnées et voyages d'aventure), 31 millions de visiteurs par mois à la belle saison ; Golflink (dédié au golf), 2,5 millions de visiteurs par mois ; et Mania.com (science-fiction), 1 million de visiteurs par mois. Cette jeune entreprise figurait parmi les dix sites connaissant la plus forte croissance en 2008. Cette année-là, Demand Media vit sa fréquentation augmenter de 59 %, essentiellement grâce à des acquisitions et des accords avec d'autres sociétés.

Ni Demand Media ni Lance Armstrong ne divulguèrent les détails de la prise de participation de celui-ci au sein de l'entreprise. Impossible de savoir à quel point il s'était engagé pour voir sa marque Livestrong devenir une société à but lucratif. Armstrong accepta de jouer le rôle de conseiller en stratégie de développement et de contributeur au contenu

1. *Wall Street Journal*, 28 janvier 2009.

du nouveau site Internet. Il s'engagea également à faire la promotion de Livestrong.com durant les quatre années qui suivaient. Aux termes de l'accord, Demand Media obtenait une licence exclusive d'utilisation du domaine Livestrong. com et s'engageait à travailler avec la fondation dans le but de faire de Livestrong.com l'adresse de référence pour les questions de santé, de bien-être et de remise en forme. Et Richard Rosenblatt considère l'acquisition de la marque Livestrong comme un atout clé pour le développement de son entreprise. « Demand Media s'est créée pour tirer parti de l'évolution des médias, pour surfer sur le fait que les internautes consomment et interagissent sur des contenus qui gravitent autour de leurs centres d'intérêt. Nous avons développé notre plate-forme pour offrir aux gens une combinaison de contenus et d'applications qui sont le fruit de professionnels ou de simples internautes. Nous allons utiliser cette approche pour faire de Livestrong.com le rendez-vous numéro un de tous les internautes passionnés de bien-être, de santé et de remise en forme, un lieu où les utilisateurs peuvent s'aider eux-mêmes et aider les autres. »

Le communiqué de presse annonçant le lancement du site expliquait de quelle manière les profits de Demand Media seraient divisés et dans quelle mesure Armstrong en bénéficierait. Ce n'était pas la première fois que Demand Media suscitait des convoitises. En juillet 2008, la rumeur selon laquelle Yahoo! envisageait de racheter Demand Media, pour 1,5 à 2 milliards de dollars, fit le tour de la presse. Des sources proches des deux compagnies confirmèrent que Yahoo! était fortement intéressé par la capacité de Demand Media à créer de nouveaux supports de publicité et de nouveaux réseaux sociaux. C'est à cette époque que Rosenblatt aurait décidé que son entreprise n'était pas à vendre.

À 21 h 08, le 7 janvier 2009, le patron de Demand Media, Richard Rosenblatt, posta un message depuis son compte Twitter. « Livestrong.com compte maintenant un million de membres ! » Il s'agissait d'un cap important car, dans l'industrie des sites de médias, le nombre de membres inscrits constitue l'étalon qui permet à une compagnie de négocier avec ses annonceurs. Une marque désireuse de vendre des produits de bien-être cherchera inévitablement à quantifier le bassin d'audience auquel il aura accès, avant de faire sa publicité sur un site de santé et de remise en forme tel que Livestrong.com.

En novembre 2008, Armstrong participa à une conférence-débat au Sommet Web 2.0 de San Francisco où John Battelle jouait les modérateurs. Armstrong ayant donné son aval pour que Livestrong.com devienne un site à but lucratif, Battelle le salua comme un « web-entrepreneur » et l'accueillit chaleureusement au sein de la cybercommunauté. Armstrong prit la parole et expliqua pourquoi il avait lancé Livestrong. com. Il raconta que de nombreuses personnes étaient venues le trouver pour lui dire qu'elles souhaitaient améliorer leur mode de vie, arrêter de fumer, manger moins, maigrir, ou tout simplement s'investir dans une communauté qui partage ces valeurs. D'où la décision de mettre sur pied ce site à but lucratif. Armstrong ajouta que, s'il y avait bien une chose qu'il admirait particulièrement chez Barack Obama, c'était la volonté du nouveau président de rendre les Américains plus actifs, et non seulement réactifs : en d'autres termes, de leur faire prendre conscience qu'en prenant leur vie en main, en soignant leur régime, en faisant de l'exercice, ils ne développeraient pas de problèmes de santé.

« Livestrong.com participe à cela », déclara-t-il. Et d'ajouter cette confidence, traduisant le fin mot de l'histoire : « Si les gens faisaient un petit peu plus attention à ce qu'ils peuvent trouver sur Livestrong.com, ils n'auraient sans doute jamais besoin de se rendre sur Livestrong.org... Si le .com fonctionne suffisamment bien, le .org n'aura bientôt plus de raison d'exister. »

Et les propriétaires de Livestrong.com surferont sur un site Internet extrêmement rentable.

Les vérités de Richard Pound

C'est un soir de février sur Boynton Beach, près de Fort Lauderdale, en Floride. La ville côtière est l'une des niches cossues du tourisme américain, l'endroit où migrent les golfeurs quand l'hiver arrive. La semaine précédente, Dick Pound avait fini de ranger son bureau au cabinet d'avocats Stikeman Elliott de Montréal, dont il est associé, et rappelé à sa secrétaire qu'il prenait une semaine de vacances. Il se voyait déjà sortir ses meilleurs swings au Quail Ridge Country Club, profitant de cette coupure pour oublier un temps le vent glacial qui sévissait chez lui.

Mais, comme dit le poète, «les plans les mieux conçus des souris et des hommes souvent ne se réalisent pas[1]». Très peu de temps après son arrivée en Floride, il se sentit mal. Un médecin le dirigea vers le Bethesda Memorial Hospital, où il séjourna quelques jours. Nous le rencontrons dans sa chambre d'hôpital. Il est assis sur une chaise près de son lit, branché sur un moniteur cardiaque, mais balaie nos inquiétudes d'un revers de main. «Non, ce n'est rien. J'étais prêt à sortir de l'hôpital il y a plusieurs jours déjà, mais ils préfèrent

---

1. Robert Burns, poète écossais du XVIIIᵉ siècle, auteur notamment de «À une souris», dont est tiré ce vers.

être trop prudents que pas assez.» Il est maintenant dans sa soixante-septième année et, à cet âge, un bref séjour à l'hôpital peut suffire à émousser un homme qui, jusque-là, semblait résister aux assauts du temps. Ce vendredi soir-là, il fait bien son âge.

Dick Pound a quitté son poste de président de l'Agence mondiale antidopage (AMA) fin décembre 2007, pour laisser la place à l'Australien John Fahey. Cela aurait dû être une retraite en douceur, après de bons et loyaux services. Un peu de droit fiscal chez Stikeman Elliott, davantage de temps sur les greens et oubliées les affres politiques et médiatiques de l'antidopage. Ce n'était pourtant pas le cas.

Plus d'un an après son départ, Pound est toujours empêtré dans une bataille juridique qui l'oppose à Hein Verbruggen et à l'Union cycliste internationale (UCI). Le 20 mars 2008, l'ancien président de l'UCI et l'organisation elle-même assignèrent Pound en justice pour des propos qu'il avait tenus au sujet du dopage dans le cyclisme et du rôle joué par l'instance dirigeante de ce sport dans la lutte contre le dopage. Ils accusaient explicitement Pound d'avoir tenu «des propos injurieux et biaisés» à l'encontre de Verbruggen.

Pourquoi, alors que Pound avait quitté l'AMA, Verbruggen et l'UCI étaient-ils prêts à s'engager dans une coûteuse procédure judiciaire contre lui? «Il faut reconnaître, explique Pound, qu'ils n'ont jamais caché qu'ils ne me portaient pas dans leur cœur. Mais cette assignation est survenue juste au moment où le CIAS [Conseil international de l'arbitrage en matière de sport] devait se réunir afin de nommer le nouveau président de la cour d'arbitrage, un poste auquel j'étais candidat avec trois autres personnes. Pour moi, il ne fait aucun doute que cette assignation était un stratagème en vue de

diminuer mes chances d'être nommé à la tête du CIAS.
Ils ont offert à tous ceux qui étaient encore indécis une bonne
raison de se dire : "On ne sait pas encore ce que va donner ce
procès. Alors, inutile de prendre le risque de se retrouver dans
l'embarras, avec un président du CIAS condamné dans une
affaire très médiatisée". Ça a forcément eu un impact. »

L'empêcheur de doper en rond

La carrière de Pound en tant que membre et vice-
président du Comité international olympique puis fondateur
et premier président de l'AMA fut couronnée de succès mais
aussi jonchée de controverses. Lorsque, à différents moments
de son parcours, il sentit le besoin de ruer dans les brancards,
il y alla de bon cœur. Il ne fallait pas compter sur lui pour
jouer l'homme des compromis politiques qu'aiment tant les
officiels et les administrateurs du sport.

Juan Antonio Samaranch, l'ancien président du CIO, fut
le premier à reconnaître le talent de Pound : c'est lui qui
offrit au Canadien la possibilité de prendre en charge la gestion
des droits marketing et télévisuels du mouvement olympique. En saisissant immédiatement la valeur marchande des
Jeux olympiques, Pound permit au CIO de repartir sur de
nouvelles – et plus solides – bases financières. Les contrats en
millions de dollars avec les networks américains devinrent
des accords standards et le poids du CIO augmenta en
conséquence. C'est à cette époque, au milieu des années
quatre-vingt-dix, que la route de Pound croisa celle de Hein
Verbruggen.

« Il y avait un Russe à la tête de l'instance dirigeante
du cyclisme amateur [FIAC], poursuit-il. À l'époque, les

organisations amateurs et professionnelles ne formaient qu'une seule entité et Hein chapeautait l'ensemble. *A priori*, son arrivée soulevait plutôt l'espoir d'un vent nouveau comparé à son prédécesseur : il s'y connaissait en marketing et était plutôt sympa. J'ai dit à Samaranch : "Pourquoi est-ce que vous n'en feriez pas un membre [du CIO] ?" Il fut élu au sein du Comité en 1997 et, un an plus tard, Hein Verbruggen rejoignait la Commission marketing que je dirigeais à l'époque. Et même si nous n'avions qu'une ou deux réunions par an, je dois dire que son expérience dans ce domaine s'avéra tout à fait utile et positive. »

C'était en 1997. Un an plus tard, l'affaire Festina allait ébranler les fondations du sport et provoquer des secousses qui finiraient par fissurer durablement la relation naissante entre Pound et Verbruggen. Et si le scandale Festina sur le Tour de France 1998 n'avait pas suffi, il y eut aussi les prises de position publiques de Juan Antonio Samaranch, estimant qu'il fallait réduire la liste de produits interdits par le CIO et suggérant que, tant qu'un produit n'était pas foncièrement mauvais pour la santé, il pouvait être légalisé. Samaranch était totalement hors du coup, il ne saisissait pas à quel point la culture du dopage avait gangrené le monde du sport. Et le CIO dans son ensemble était tout aussi aveugle devant l'ampleur du problème, incapable de s'attaquer à la racine du mal.

Les propos de Samaranch déclenchèrent une telle avalanche de réprobations que le bureau exécutif du CIO fut convoqué en session extraordinaire. Le président du CIO demanda autour de lui : « Qu'est-ce qu'on va faire maintenant ? » Pound se souvient qu'il fut soufflé et répondit, incrédule, à Samaranch : « On ? On ? C'est vous qui avez dit ça, et maintenant plus personne ne fait confiance au CIO. Plus personne n'accorde le moindre crédit au cyclisme à l'heure actuelle, plus personne n'accorde le moindre crédit aux instances qui étaient censées contrôler leurs propres athlètes, ni au CIO ni même aux pays qui étaient supposés surveiller leurs propres athlètes. Il faut que nous mettions sur pied une agence antidopage totalement indépendante, qui ne soit contrôlée ni par les fédérations internationales, ni par le CIO, ni par qui que ce soit. Il y a un exemple qui peut nous servir de modèle, c'est la Cour d'arbitrage : une cour séparée, indépendante de tout lobby. On peut faire la même chose pour le dopage. »

« Les gens présents semblaient penser que c'était la marche à suivre, reprend Pound, et nous nous sommes séparés en convenant d'organiser une conférence mondiale sur le dopage dans le sport à Lausanne, à laquelle seraient conviés les gouvernements et l'ensemble du mouvement olympique. »

Pour bien saisir le rôle que jouait Pound au sein du CIO, il faut garder en tête que, lorsque le scandale de corruption des Jeux d'hiver de Salt Lake City (2002) éclata à la fin 1998, Samaranch se tourna cette fois encore vers son collègue canadien. C'est à lui qu'il demanda de faire le ménage. Les délits impliquaient directement des membres du CIO, pris la main dans le sac : prises d'intérêt, corruption – des comportements illégaux et contraires à l'éthique. Aussi Samaranch en avait-il fait la priorité de l'institution. Il se demandait même à haute voix si le CIO ne ferait pas mieux d'y accorder toute son attention et d'oublier pour un temps la conférence sur le dopage. Pound n'était pas de cet avis. « Je lui ai dit : "Écoutez, le problème du dopage est beaucoup trop important, on ne peut pas se contenter de faire l'autruche. On va sûrement prendre des coups à cette conférence, notamment de la part des représentants des différents gouvernements. Il faut même à tout prix qu'on monte au créneau là-dessus." »

Pound voyait parfaitement comment mettre en place une agence mondiale antidopage, mais il ne connaissait rien au dopage à proprement parler. La conférence eut bien lieu à Lausanne, des ministres de différents gouvernements critiquèrent l'action – ou plutôt l'inaction – du CIO en matière de dopage avant d'accepter finalement de mettre la main au porte-monnaie pour financer une nouvelle agence antidopage véritablement indépendante. Neuf mois plus tard, en 1999, l'AMA était née et Pound propulsé à sa tête. « Je me souviens, nous étions à une réunion du bureau exécutif à Athènes et Juan Antonio se tourna tout à coup vers moi : "Dick, je veux que tu prennes la tête de ce truc." J'ai répondu : "Mon dieu, mais je n'y connais rien, moi, au dopage. Je n'ai jamais travaillé là-dessus et vous le savez très bien. Je suis déjà en charge du marketing et des droits télé, je viens de boucler l'enquête sur Salt Lake City – j'ai failli y laisser ma santé –, il faut que je me familiarise à l'explosion d'Internet et, maintenant, vous voulez qu'en plus de tout ça je m'occupe du dopage ?" Je n'avais vraiment pas besoin de ça. »

Mais Samaranch avait arrêté sa décision. « Il m'a dit, simplement : "Personne ne fait confiance à de Mérode [le prince Alexandre, à l'époque directeur de la Commission médicale du CIO] et si je demande à [Jacques] Rogge de s'en occuper, ça va être la guerre civile en Belgique. Non, vraiment, c'est toi qui dois t'en charger." J'ai dit d'accord mais uniquement pour deux ou trois ans, le temps que le système soit rodé et il m'a répondu : "Pas de problème." Mais bon, quand les gens veulent vraiment que vous fassiez quelque chose, ils disent oui à tout. »

Verbruggen, les pieds sur le frein

Une fois l'AMA sur les rails, et passées les inénarrables difficultés liées à l'élaboration d'une charte de l'antidopage, Pound sentit que sa relation avec Verbruggen tournait rapidement à l'orage. Il percevait bien que le président de l'UCI n'était guère attaché au code de l'AMA, et les rapports entre les deux instances se dégradèrent encore à la suite des déclarations d'un observateur de l'AMA, le Dr Alain Garnier, lors du Tour de France 2002. Garnier fit savoir qu'il estimait que le leader d'alors sur le Tour de France, l'Espagnol Igor Gonzalez de Galdeano, aurait dû être sanctionné après avoir été contrôlé à 1 360 nanogrammes de salbutamol par millilitre d'urine.

« Garnier, explique Pound, s'était contenté de souligner que, s'il s'était agi d'une compétition olympique, le coureur en question aurait été déclaré positif. Cela mit Verbruggen hors de lui ; il criait dans tous les sens et nous hurla que jamais plus l'AMA ne serait tolérée aux abords du Tour de France ou de n'importe quel événement cycliste. Depuis, Alain Garnier est *persona non grata* aux yeux de l'UCI. L'UCI ratifia la charte de l'AMA à la veille des Jeux olympiques d'Athènes en 2004, c'est-à-dire à l'extrême limite de la date butoir qui lui était fixée pour être autorisée à participer aux Jeux. J'avais clairement l'impression qu'elle ne voulait surtout pas que le Tour de France 2004 tombe sous le coup du nouveau code de l'AMA. »

Lorsque *L'Équipe* créa la sensation en publiant en août 2005 une enquête accusant sans contestation possible Lance Armstrong d'avoir utilisé de l'EPO à six reprises sur le Tour de

France 1999, la relation orageuse entre Pound et Verbruggen tourna carrément au vinaigre. Après la parution de l'enquête, Armstrong passa un coup de fil à Pound. « Il m'a dit : "Qu'est-ce que je peux faire pour être reconnu négatif ? Comment est-ce que je peux prouver que je n'ai rien fait ?" Je lui ai répondu : "Écoute, Lance, là, ce n'est plus la parole d'untel contre celle d'un autre. Tu sais très bien comment gérer ce genre d'accusations, tu y es habitué. Tu as un gros bâton et tu sais très bien t'en servir pour faire peur aux petites gens. Mais là, on a des contrôles effectués par l'un des plus grands laboratoires au monde, et qui sont positifs sur un certain nombre d'échantillons. Le labo ne disposait que des références des échantillons, alors ils ne savaient pas qui était derrière. Seulement voilà : il y a ta signature sur des formulaires qui ont été transmis à la presse. Alors, pas besoin d'être un génie pour jeter un coup d'œil sur ces formulaires et comparer les références à celles figurant sur les échantillons positifs du laboratoire : six d'entre eux sont les tiens, à ce qu'il paraît. Si les tests sont faux, c'est une chose. Si les signatures sont fausses, c'en est une autre. Mais, d'un autre côté, si les tests sont justes et si les signatures sont bien les tiennes, alors, tu as un gros problème." C'est tout ce que je lui ai dit à ce sujet. Ensuite, Verbruggen a commandé un rapport soi-disant "indépendant". Comment a-t-il pu croire une seconde que qui que ce soit le prendrait au sérieux, ça je l'ignore. »

Dans les jours qui suivirent le scoop de Damien Ressiot dans L'Équipe, Armstrong, Verbruggen et l'UCI firent bloc et leur ligne de défense se résumait à ces quelques mots : « Qui est responsable de la fuite dans la presse ? » Verbruggen accusa l'AMA et, au cours d'une conversation avec Pound, attribua la fuite à Garnier. Pound était persuadé que ce n'était pas le cas et que l'obstination qu'ils montraient à trouver la source n'avait d'autre but que de faire diversion sur la question centrale : les six échantillons d'urine d'Armstrong contenaient-ils, oui ou non, de l'EPO ? Toutefois, Pound tenait à démontrer clairement que ce n'était pas l'AMA qui avait organisé la fuite des tests en direction de Ressiot. Il se procura des copies des formulaires sur lesquels Ressiot avait fondé son enquête et trouva dessus une référence qui prouvait qu'ils appartenaient à l'UCI.

« Nous nous sommes tous retrouvés lors d'une réunion à Turin, en 2006 : Jacques [Rogge], Verbruggen et moi. Hein revint à la charge et maintint que c'était l'AMA qui avait fait fuiter ces documents. Je lui ai répondu : "Tu continues avec ces conneries ?" Il a dit : "Oui, c'était l'AMA." Alors j'ai répliqué : "Tiens, regarde, voilà l'un des formulaires mentionnés dans l'article. Regarde-le bien : comme tu peux le voir, c'est un document de l'UCI. Pas vrai ?" Il ne pouvait pas dire le contraire, alors il prétendit que quelqu'un devait l'avoir volé. J'ai enchaîné : "Eh bien, tiens, en voilà un autre, lui aussi provient de l'UCI, et un troisième encore." En tout, je lui ai mis sous le nez quinze formulaires, tous estampillés UCI. Il était furieux. Il a dit qu'il allait lancer une enquête interne et revenir vers moi avec les conclusions. Il affirma que cela ne pouvait venir que de leur responsable médical, Zorzoli, et que, si la chose était avérée, celui-ci serait immédiatement viré. Ça me semblait absurde : Mario Zorzoli refilant des formulaires de dopage de Lance Armstrong à un journaliste d'investigation, sans avoir au préalable reçu le feu vert de quelqu'un de plus haut placé dans sa hiérarchie ? Non, je ne voyais vraiment pas Zorzoli faire un truc pareil, c'est un type très discret. »

Après cette franche engueulade pour savoir qui avait

transmis les fameux contrôles d'Armstrong à la presse, Pound et Verbruggen allèrent déjeuner en tête à tête. La colère était retombée lorsqu'ils passèrent à table. Verbruggen confia à Pound que le rapport sur l'affaire Armstrong, commandé par l'UCI et conduit sous l'autorité de l'avocat néerlandais Emile Vrijman, était extrêmement critique à l'adresse de l'AMA. Pound lui répondit qu'il était surpris que Vrijman se permette de critiquer de façon aussi catégorique l'AMA alors qu'il ne s'était même pas donné la peine de solliciter Pound, ni aucun membre de l'agence antidopage. « Deux semaines après ce déjeuner avec Verbruggen à Turin, on a reçu un courrier de Vrijman contenant une série de questions. Nous lui avons répondu mais il n'y a jamais eu de suite, rien du tout. Vrijman ne m'a jamais adressé la parole, ne m'a jamais réécrit, et pourtant, mon nom figure à quatre-vingt-dix-huit reprises dans son rapport. Ce rapport porte l'empreinte de Hein tout du long. »

La colère de Verbruggen à l'encontre de Pound se cristallisait également autour des nombreuses critiques émises par le président de l'AMA concernant la pseudo-lutte contre le dopage que les responsables du cyclisme étaient censés conduire. Dans une tribune publiée en 2005 dans un journal britannique [1], Pound s'attaquait une nouvelle fois à la façon dont l'UCI manquait selon lui à ses devoirs de contrôle de ses athlètes : « Le cyclisme professionnel est dans le déni le plus complet concernant l'importance de l'usage de produits dopants, et ce sport se met ainsi lui-même dans l'incapacité

---

1. Richard Pound, « Le cyclisme prend-il vraiment le problème du dopage au sérieux ? », *The Guardian*, 26 octobre 2005.

de résoudre le problème. Toute cette tricherie a cours sous le regard soi-disant attentif des responsables du cyclisme, qui jurent la main sur le cœur que leur sport est propre et qu'il entend bien le rester. À en juger par leur incapacité à détecter ce qui saute aux yeux, il me semble qu'il serait dangereux de les laisser sortir dans la rue sans une canne blanche ou un chien d'aveugle. »

Stratagème et manigance

Pound connaissait maintenant suffisamment Verbruggen et Armstrong. Aussi ne fut-il pas surpris de les voir se retourner contre lui. En juin 2006, Armstrong adressa une violente lettre de huit pages à Jacques Rogge, le président du CIO. Le coureur s'y plaignait du comportement de Pound et il envoya des copies de la lettre aux autres membres du CIO. Même si le CIO était plutôt enclin à soutenir Pound, ses dirigeants n'auraient de toute façon pas été en mesure de prendre des sanctions à son encontre ni à celle de l'AMA, quand bien même ils se seraient montrés compréhensifs à l'égard du multiple vainqueur du Tour de France. Pound tenta tant bien que mal d'instaurer une relation de travail à peu près fonctionnelle avec le nouveau président de l'UCI, Pat McQuaid, mais il sentait toujours l'influence de Verbruggen dans la plupart des décisions du nouveau président. « Vous receviez une lettre signée de Pat, mais le style, le vocabulaire, tout portait la marque de Hein », explique-t-il.

Le coup le plus dur survint au début de l'année 2008, lorsque Verbruggen et l'UCI assignèrent Pound en justice sur la base de déclarations où il affirmait que l'UCI n'en avait pas fait assez pour combattre le dopage et était en réalité dans le déni concernant l'ampleur du problème. Pound eut le sentiment à l'époque – et il en reste toujours persuadé aujourd'hui – que cette action en justice n'avait d'autre objectif que de réduire ses chances d'être élu président du Conseil international d'arbitrage en matière de sport. « J'avais quitté l'AMA à la fin 2007. Les propos dont ils se plaignent remontent bien longtemps avant, et le procès n'est survenu que le 20 mars 2008, soit très exactement deux semaines avant l'élection. C'était clairement un stratagème visant à m'empêcher de prendre la tête du CIAS, et il faut bien reconnaître que leur plan a parfaitement fonctionné. »

Il y avait quatre candidats en lice pour la présidence du CIAS : Pound, l'Italien Mino Auletta, le Suisse Robert Brinar et le Suédois Gunnar Werner. Après l'élimination de Brinar et Werner, ce fut un face-à-face entre Pound et Auletta, un match que remporta l'Italien de 78 ans. « Je pense que je n'ai pas obtenu les votes qui auraient dû me revenir. Je crois également que Jacques Rogge m'a retiré son soutien. D'ordinaire, ça fonctionne comme ça : le CIAS élit le candidat porté par le CIO. Mais Jacques n'était pas prêt à dire : "Voici le candidat du CIO, c'est lui que nous voulons." J'ai été présenté comme un candidat CIO parmi d'autres, sur le même plan que Robert Brinar. Auletta est parvenu à se mettre Jacques dans la poche et il a été catapulté à la tête du CIAS. Un coup de maître. »

L'élection perdue, restait l'affaire du procès intenté à Pound. « J'ai déposé un recours suite à leurs accusations et, après cela, ils ne pouvaient plus se retirer. Ils ont avancé ces allégations et maintenant il va falloir qu'ils s'en expliquent publiquement. Leur plainte tient à l'origine en un document de trente pages, et je crois très honnêtement que notre recours les a désarçonnés. Nous avons déposé pas moins de 350 pièces au dossier pour notre défense et ils ont fini par se dire : "Bon sang, mais pourquoi est-ce qu'il en fait tout un foin ?" C'est une situation vraiment bizarre. L'affaire doit être jugée dans une petite ville suisse et, même s'il s'agit d'un procès, il doit se tenir à huis clos. C'est quelque chose de totalement inédit chez nous (au Canada) et j'aurais vraiment aimé que les débats soient rendus publics. Je voulais exposer au grand jour ce dont ils m'accusent et que les gens puissent entendre nos réponses. C'est absurde d'oser reprocher au président de l'Agence internationale antidopage indépendante d'avoir émis des critiques à propos du cyclisme. Il faudrait leur demander : Au nom de quoi lancez-vous des procédures judiciaires abusives ? »

Pound ne se fait guère d'inquiétude concernant l'issue de sa petite bagarre juridique avec Verbruggen. Il se souvient d'une conversation que les deux hommes avaient eue à la fin des années quatre-vingt-dix, quelque temps après l'affaire Festina et juste avant le lancement de l'AMA. « Je lui ai dit : "Bon sang, Hein, on a un vrai problème dans votre sport. Il va vraiment falloir que vous fassiez quelque chose." Il m'a rétorqué : "Mais c'est la faute des fans." J'ai dit : "Je te demande pardon ? Comment ça, c'est la faute des fans ?" Il m'a répondu : "Eh bien, c'est simple : s'ils acceptaient de regarder passer un Tour de France à 25 kilomètres heure, les coureurs n'auraient pas besoin de tout ça. Mais comme les fans tiennent absolument à ce que le Tour de France se coure à 42 kilomètres heure, il faut bien que les coureurs se préparent." Je lui ai dit : "Tu rigoles, j'espère ?" En fait, ils étaient tous parfaitement au courant. »

NOTE DES AUTEURS

Après cette enquête, nous étions impatients de connaître la réaction de Lance Armstrong, mais aussi de la nouvelle direction d'Amaury Sport Organisation, en raison des questions soulevées et des avis qui nous ont été rapportés sur sa stratégie.

Nous avons donc transmis à Mark Higgins, le « relations publiques » de Lance Armstrong, une demande d'interview du coureur le 15 janvier 2009. Le 2 février 2009, Mark Higgins nous répondit ainsi : « Merci pour votre mot et votre demande. Nous apprécions votre requête mais elle ne présente aucun intérêt. Merci encore. »

Nous avons également sollicité les dirigeants d'ASO, à savoir Jean-Étienne Amaury, le P-DG, Christian Prudhomme, le directeur général du Tour de France, et Alain Krzentowski, administrateur d'Amaury International. Là encore, notre démarche a reçu une fin de non-recevoir. M. Jean-Étienne Amaury nous a répondu par mail le 10 mars 2009 : « Désolé, mais je ne donne pas d'entretien. » M. Alain Krzentowski nous a fait savoir par retour de mail, le 9 mars 2009 : « Désolé, je ne donne pas d'interview. » Enfin, Christian Prudhomme n'a répondu ni à nos appels téléphoniques ni à nos mails.

Remerciements

Les auteurs tiennent vivement à remercier tous ceux qui ont accepté de les rencontrer ou de répondre à leurs questions entre octobre 2008 et avril 2009. Et tout particulièrement : Betsy Andreu, Michael Ashenden, Michel Audran, Dominique Belpomme, Pierre Bordry, Marie-George Buffet, Don Catlin, Patrice Clerc, Alain Dufaut, François Fortassin, Alain Garnier, Bob Hamman, Christian Hutin, Antonia Kerr, Paul Kimmage, Jean-François Lamour, Bernard Laporte, Emmanuelle Leroy, Greg LeMond, Chloé Louys, Pat McQuaid, Marie-Pierre Medouga, Sandra Miniutti, Jean-Pierre de Mondenard, Valérie Mulot, Henri Nayrou, Tim Noakes, Richard Pound, Vanessa Ralli, Michel Soublin, Antoine Vayer, Gilbert Ysern.

Une douzaine d'autres personnes ont contribué à l'élaboration de ce livre mais ont préféré garder l'anonymat.

Ils remercient également Denis Jeambar, Catherine Nabokov, Jean-Christophe Brochier, Léo Larroche, Brigitte Demaria et Pierre Monégier.

Table

Chapitre 1. Piqûre de rappel 7

Positif aux corticoïdes, 11. – Positif à l'EPO, 13. – Trois témoins pour un aveu, 16. – Emma, Greg, Jonathan, Mike…, 35. – Un environnement médical sulfureux, 48. – Certitudes scientifiques, 51. – Pressions et arrangements, 54. – L'UCI en garde du corps, 58.

Chapitre 2. Retour de manivelle 67

Mot de passe : KRZ, 70. – ASO partenaire du CIO, 74. – Clerc et net, 78. – L'esbroufe nommée Catlin, 81. – Docteur Catlin et Mister Lance, 87. – Un CV chargé, 89. – Rendez-vous avec Don, 91. – Son sang ne fait qu'un tour, 94. – « Le bénéfice de la suspicion », 96. – Un scoop, à défaut d'une sanction, 97. – Le stratagème de la peur, 103. – L'impossible négociation, 107. – Vent de panique sur ASO, 111. – Armstrong lorgne sur le Tour, 113. – C'est qui le patron ?, 117. – Un passeport en cours d'invalidité, 119. – Saignés à blanc, 123. – L'UCI a le sang chaud, 126. – Des échantillons 2008 inexploitables !, 128. – Détecteur de mensonge, 131. – Les politiques montent au créneau, 134. – Leurs opinions sur le Tour de France, 140. – Nicolas Sarkozy en supporter, 154. – Les Français pas enthousiastes, 156. – L'AFLD par principe, 157. – Lance de mauvais poil, 159. – Mais où est la police ?, 164.

Chapitre 3. Sous le signe du cancer 167

Le devoir du survivant, 169. – Les avantages inattendus, 172.
– Le regard de Kimmage, 176. – « Il est le cancer de ce sport »,
180. – Au secours des dopés, 185. – Une fondation pour
tremplin politique, 191. – 1,5 million de dollars qui tombent
à pic, 195. – Livestrong et le cancer en France, 202. – Armstrong : 200 000 dollars ; Pr Belpomme : 1 500 euros, 206.
– La Ligue avec Lance ?, 209. – Des associations (presque)
sous contrôle, 211. – La charité a un tarif, 214. – Les organismes de contrôle sonnent l'alarme, 216. – « Le conférencier le mieux payé des États-Unis », 219. – Et le caritatif
devint un business…, 222.

Épilogue. Les vérités de Richard Pound 227

L'empêcheur de doper en rond, 229. – Verbruggen, les pieds
sur le frein, 233. – Stratagème et manigance, 237.

Note des auteurs 241

Remerciements 243

RÉALISATION : PAO ÉDITIONS DU SEUIL
IMPRESSION : CPI FIRMIN-DIDOT À MESNIL-SUR-L'ESTRÉE
DÉPÔT LÉGAL : JUIN 2009. N° 99480 (95425)
IMPRIMÉ EN FRANCE